무명작가의 첫 책

무명작가의 첫 책

1판 1쇄 발행	2021년 10월 1일
지은이	토머스 울프
옮긴이	임선근
펴낸이	최재균
편집	문해순
마케팅	김승환
디자인	로컬앤드
펴낸곳	걷는책
등록번호	제300-2001-7호
주소	03979 서울시 마포구 성미산로 23길 54, 3동 503호
전화	02 736 1214
팩스	02 736 1217
이메일	book@mphotonet.com

걷는책은 일반·교양 단행본 브랜드로
포토넷 PHOTONET, 포노 PHONO와 함께
(주)티앤에프 출판사업부의 임프린트입니다.

ISBN 979-11-89716-15-8 03840

잘못 만든 책은 구입하신 곳에서 교환해 드립니다.
책값은 뒤표지에 있습니다.

걷는책 | PHONO | PHOTONET
따뜻한 문화 | 음악, 삶의 풍요 | 사진과 시각예술

The Autobiography of an American Novelist

by Thomas Wolfe

무명작가의 첫 책

토머스 울프 지음

임선근 옮김

걷는책

차례

어떤 장편소설 이야기   7

글쓰기, 살아내기   107

부록

✠

독자들께   193

한없이 현명하고 교활한 한 편집자에 대하여   195

동시대인들과 미래 세대를 위한 작가, 토머스 울프
_ 맥스웰 퍼킨스   207

옮긴이의 말   215

일러두기

- 토머스 울프의 《무명작가의 첫 책》의 원고는 〈The Story of a Novel〉이라는 제목으로 1935년 〈Saturday Review〉에 처음 게재되었고, 이듬해에 스크리브너스 출판사에서 동명의 단행본으로 출간되었다. 그 뒤 《The Autobiography of an American Novelist》 (Harvard university press, 1983)로 재출간되었으며, 한국어판 번역은 이 판본을 저본으로 삼았다. 한국어판에 수록된 〈부록〉은 편집자가 추가했다.
- 인명 등 외국어 표기는 국립국어원의 외국어 지침을 따랐다.
- 책제목은 《 》, 잡지 및 매체명과 작품명은 〈 〉로 표기했다.
- 주는 특별한 언급이 없는 한, 모두 옮긴이 주다.

어떤 장편소설 이야기

그를 유명하게 만든 첫 책 《천사여, 고향을 보라》 출간 무렵의 토머스 울프, 1929년.

- 이 글의 저본은 토머스 울프의 1935년 여름 '콜로라도 대학교 작가 회의' 초청 연설문이다.

⁂

'책 한 권이 나오기까지'라는 주제의 강의 요청을 받았을 때, 나는 비평이나 학문 쪽과는 달리 내 경험을 그대로 이야기하면 되는 적절한 주제라는 생각이 들어서 기꺼이 시도해 보기로 했다.

내 가까운 친구이기도 한 아주 훌륭한 편집자*가 여섯 달쯤 전에 내게 말하기를, 우리 둘이 해낸 작업**에 대해 매일의 기록, 말하자면 업무 일지를 남기지 않은 게 후회스럽다고 했다. 책이 나오기까지 치러야 했던 상호 거래, 치고받기, 흐름과 정체, 삭제, 매만지기, 만 번의 맞대면과 삐걱거림과 수정과 항복과 쾌재와 동의에 대해서 말이다. 이 편집자는 일을 다 마친 다음, 지난 책 작업을 하는 동안 아주 멋지고 놀라운 순간들이 있었다

---

*   스크리브너스 출판사의 편집자 맥스웰 퍼킨스(Maxwell Perkins, 1884-1947)를 말한다. 토머스 울프의 첫 장편소설 《천사여, 고향을 보라Look Homeward, Angel》(Charles Scribner's Sons, 1929)를 발굴하고 편집했으며, 두 번째 소설 《시간과 강에 대하여Of Time and the River》(Charles Scribner's Sons, 1935) 역시 그의 손을 거쳤다.

** 《시간과 강에 대하여》를 세상에 내놓기까지 소설가 토머스 울프와 편집자 맥스웰 퍼킨스가 거친 각별한 협업 과정을 의미한다.

면서, 너그럽고 친절하게도, 자신이 출판계에 몸담은 서른 해 가까운 세월 동안 겪은 그 어떤 일보다도 이번 일의 전체 과정이 흥미로웠다고도 했다.

이제 그 경험에 대해 이야기해 볼까 한다. 경험에 근거한 이야기를 할 때 비로소 내 이야기가 가치 또는 흥미를 지닐 수 있으리라고 믿는다. 나는 사실 프로 작가가 아니다. 요즘 소설의 경향이나 요즘 소설가들이 어떤 작업을 하는지에 대해 말할 능력도 안 되고, 어떤 소설가의 최근 5년간 또는 10년간 성과를 논하거나, 그 작가의 5년 또는 10년 뒤를 내다볼 처지도 아니다. 책 쓰는 비결, 다시 말해 출판사의 선택을 받아 책을 내는 요령, 탈고한 소설이 고료 높은 유명 잡지에 채택되게 하는 방법 같은 것들을 이야기할 엄두도 안 난다. 그런데 그 모든 일이 나에게 일어났다. 한 출판사가 내 작품을 출판해 주었고 최근에는 고급 대중잡지들이 나의 몇몇 단편 작품에 지면을 내주었다. 그렇지만 나는 이런 일들이 어떻게 해서 이루어졌는지 여전히 모르겠다. 나는 프로 작가가 아닐뿐더러 능숙한 작가도 못 된다. 그저 내 직업에 대해 배워가는 중이고 원하는 일을 하려면 깨쳐야만 하는 문장과 구조, 표현법에 눈떠 가는 작가일 뿐이다. 나는 여전히 비틀거리며 앞으로 나아가고 있고, 내 삶의 에너지와 재능을 그러한 발견에, 가장 확실하고 결정적인 표현을 추구하는 일에, 인간이라면 누구나 홀로 감당해야 하는 자기만의 언어 확립을 위한 끊임없는 탐구에 바치고 있다. 따라서 지금 해나가는 방식으로 나의 이야기를 풀어갈 수밖에 없다.

나는 내게 주어진 이 특별한 기회에 내가 할 수 있는 최선을 다해, 내 기억이 닿는 한 정직하게, 내가 책을 쓴 과정에 대해 털어놓으려 한다. 지극히 사적인 이야기가 될 것이다. 내 삶과 직결된 이야기다. 지난 몇 년은 내 생애 최고로 멋지고도 격렬한 시간이었다. 최고로 격렬한 노력과 땀, 회의, 고통을 바친 시간이었다. 내 이야기는 그다지 문학적이지도 않다. 땀과 고통과 절망과 부분적 성취의 이야기다. 나는 내가 원하던 것을 이루지 못했다. 아니, 어떤 면에서는 실패했다. 남모르게 실패하고 극복도 했다. 나는 단편소설 작법을 아직도 알지 못한다. 장편소설 작법도. 뭐가 됐든 먹힐 만한 이야기를 써내는 방법에 대해 이야기할 자격으로 치자면 내가 가장 덜 갖췄고, 가장 부적합하며, 가장 준비가 덜 된 사람이다. 그렇지만 나 자신에 대해, 그리고 소설 쓰기에 대해 터득한 바는 조금 있기에, 그것에 대해 깜냥껏 들려드리려고 한다.

나는 무언가를 이야기하려면 시간이 많이 걸리는 사람이다. 나에게 우호적인 꽤 여러 비평가가 그렇다고 했고, 나도 그 말이 맞다고 생각한다. 때로는 시작하기까지도 아주 오래 걸린다. 다 사실이다. 예리하면서도 내게 호의적인 수많은 사람들이 그렇다고 했다. 나도 안다. 나도 그걸 깨달았고 노력해서 나아지고 싶지만 지금 당장은 나만의 방식대로 이야기를 풀어나가려고 한다. 그리고 그러자니 지난 일을, 그것도 첫 소설의 시작점 정도가 아니라 그 이전부터 되짚어야만 한다.

내가 언제 글을 쓰기 시작했는지, 작가가 되겠다는 생각을 언제 처음 했는지 모르겠다. 이 나라에서 자라난 내 또래 아이들이 대체로 그랬듯이, 작가가 되는 게 근사한 일이라고 생각했던 게 아닐까 싶다. 작가라면 바이런 경이나 테니슨 경이나 롱펠로나 퍼시 비시 셸리 같은 인물을 의미했기 때문이다. 작가란 그들처럼 아득히 동떨어진 존재였고 나 자신은 미국인 중에서도 부유층이나 식자층과는 거리가 멀었으니, 결코 다가갈 수 없는 멀고 알 수 없는 세계에 속한 사람이 작가인 것만 같았다.

이는 아마도 우리 미국인들 모두가 또는 거의 모두가 겪었던 일일 것이다. 우리는 여전히 작가라는 직업의 생소함에, 내가 본 지구상의 다른 어떤 나라 사람들보다도 훨씬 더 당황하고 홀린다. 그래서 미국인 중 대다수, 다시 말해 나도 그런 집안 출신이지만 노동자나 농민 같은 부류의 사람들은 작가에 대해 일종의 놀라움과 의문과 낭만적 감정을 품는 경향이 있고, 그러다 보니 작가도 다 같은 평범한 인간이며 바이런 경, 테니슨 경,

퍼시 비시 셸리처럼 우리와 동떨어진 어딘가에 존재하는 사람이 아니라는 것을 받아들이기 힘들어한다. 그런가 하면 미국인에는 또 다른 부류가 있으니 잘 배운, 대학 교육을 받은 부류로, 그들 또한 글쓰기의 매력과 고고함과 어려움에 매료되지만, 방향은 좀 다르다. 그들은 최고로 까다롭고 고급스러운 유럽 사람들보다 한술 더 뜬다. 그들은 플로베르보다 더 플로베르처럼 군다. 그들은 유럽인들보다도 더, 시시콜콜한 논쟁에 목숨을 거는 '리틀매거진'*을 펴낸다. 유럽인들은 말한다. "오 맙소사, 이 사람들, 이 미학적인 미국인들은 다 어디서 온 거지?" 글쎄, 우리는 이미 다 알고 있다. 이 나라에서 글 쓰겠다고 노력해 온 우리 모두는 애초에 뜻은 좋았으나 엉뚱한 길로 들어선 이 두 부류 사이 어딘가에 해당하고, 마침내 작가가 된다면 그럼에도 불구하고 되는 것이다.

나는 내가 어떻게 작가가 되었는지는 모르겠지만 내 안에 글쓰기에 대한 열망이 잠재해 있다가 끝내 분출구를 찾아 터져 나왔다는 생각이 든다. 이미 말했듯이 우리 집안은 노동자 계층에 속했다. 아버지는 석수石手였는데 문학을 대단하게 여기고 숭배했다. 아버지는 기억력이 비상하고 시를 사랑했는데, 아버지

---

* 비대중·비상업성을 표방하는 문학잡지. 작은 판형의 문학 동인지.

가 가장 사랑했던 시는 당연히 아버지 같은 사람이 좋아할 법한 건전하고 수사적인 시였다. 그럼에도 불구하고 다 훌륭한 시들이었으니, 햄릿의 독백, 《맥베스》, 마르쿠스 안토니우스 추도 연설, 그레이의 〈만가〉* 등등, 모두 다 그랬다. 나는 그것들을 전부 다 어릴 때 들었고 달달 외웠다.

아버지는 나를 주립 대학교에 보냈다. 고등학생 시절 내내 품었던 글을 쓰고 싶은, 할 말을 종이에 부려놓고 싶은 열망은 한층 강렬해졌다. 나는 교내 신문, 잡지 등속의 편집자로 활동했고 마지막 두 해는 그때 막 개설된 희곡 과정을 들었다. 1막짜리 짧은 희곡도 몇 편 썼지만 그때까지는 법률가나 신문 기자가 되겠다고 생각했지 정말로 작가가 되리라는 소망은 감히 품지도 않았었다. 그런 상태로 하버드 대학원에 진학해서 희곡을 좀 더 썼는데 하버드 희곡 동아리에서 그것들을 채택해 무대에 올리는 바람에 반드시 희곡 작가가 되겠다는 생각에 사로잡혔고, 하버드를 나온 다음 희곡 몇 편을 퇴짜 맞고 나서 마침내 1926년 가을에, 어떻게, 왜, 어떤 방식으로 하겠다는 작정도 미처 하지 못한 채, 런던에서 내 첫 소설을 쓰기 시작했다. 그때 나는 내내 혼자였다. 첼시의 어느 작은 구역에서 침실과 거실로 이루어진

---

* 영국 시인 토머스 그레이(Thomas Grey, 1716-1771)의 서정시 〈시골 묘지에서 쓴 만가〉를 뜻한다.

두 칸짜리 공간을 얻어서 지냈는데, 그 구역의 집들은 모두 그 낯익은 잿빛 벽돌과 연노랑 회벽을 지닌 런던의 주택 모양새였다. 어느 집이건 다 비슷했다.

이미 말했듯이, 나는 그때 낯선 나라에서 혼자 살고 있었다. 거기에 왜 갔는지, 내 인생은 무엇을 위해 어디로 향해야 하는지 나는 알지 못했고, 작품의 시작도 딱 그런 식이었다. 이때가 작가로서 겪은 가장 힘든 시련기가 아니었을까 싶다. 자신이 쓰고 있는 것이 과연 가치가 있는지 가늠할 그 어떤 기준도 없고 뚜렷한 판단이나 평가도 없는 그런 시기 말이다. 낮이면 나는, 글을 쓰려고 사들인 큰 장부책에다 글을 썼다. 밤에 잠을 청하려면 깍지 낀 두 손을 베고 침대에 누워 그날 낮에 쓴 것을 생각했고, 내 방 창가를 스쳐 지나 쥐죽은 듯 고요한 광장으로 향하는 런던 경찰관의 줄기찬 구두 발자국 소리를 들었고, 그 소리가 안 들릴 만큼 멀어지도록 기다렸고, 그러고 나면 내 고향은 노스캐롤라이나임을 상기했고, 지금 대체 왜 런던에서 어둠이 내린 침대에 두 손을 베고 누워 낮에 종이에 써 내려간 말들을 되뇌고 있는지 자문했다. 그러자면 강렬한, 공허한, 텅 빈, 아무짝에도 쓸모없는 감정이 밀려왔고, 나는 일어나서 거실로 나가 불을 켜고 장부책을 열어서 그날 내가 쓴 것들을 읽었고, 그러다 보면 의아해졌다. 나는 지금 왜 여기에 있는지, 여기에 왜 왔는지.

날이 밝으면 런던은 크고 둔탁한 소음으로 채워졌고, 10월에는 황금빛 노란 안개가 끼었다. 사람이 운집한, 오래된, 거미줄 같은, 자욱한, 발이 10억 개쯤 달린 런던! 나는 그곳을 사랑했고, 마뜩잖아했고, 증오했다. 오래전 노스캐롤라이나의 어린애였던 나는 아는 이 하나 없는 그 기 죽이는 도시의 거대하고 문어발 같고 끝없는 거미줄 위에 두 칸짜리 공간을 세내어 살고 있었다. 왜 거기에 왔는지, 왜 거기에 있는지 나는 알지 못했다.

나는 그러한 심경으로 그곳에서 여러 달을 머물며 날마다 글을 썼고 겨울에 미국으로 돌아와 작업을 이어갔다. 종일 가르치고 밤새 쓰는 식이었고, 런던에서 책을 쓰기 시작한 지 2년 반 만에 마침내 뉴욕에서 끝냈다.

그 이야기도 좀 해야겠다. 그때 나는 아주 젊었고, 그맘때 인간이면 누구나 그렇듯이 거침없고 의기양양한 상태였다. 글쓰기는 나를 쥐고 흔들었다. 어떤 면에서는 글이 스스로 제 꼴을 갖추어나갔다. 모든 청년이 그렇듯이 나도 숭배하는 작가들에게서 깊이 영향을 받았다. 그 시절 최고 작가 중 한 사람은 《율리시스Ulysses》의 제임스 조이스James Joyce였다. 나는 그에게 흠뻑 빠져 있었다. 따라서 내가 쓰던 책도 분명 그의 작품의 영향력 아래 놓여 있었지만 내 젊음이 내뿜는 강력한 에너지와 열정이 이를 압도했던 듯하다. 조이스가 그랬듯이 나도 내가 알고 있는 것들, 어린 시절 내게 익숙했던 삶과 경험에 직결된 것들에 대해 썼다. 조이스와 달리 나에게는 문학적 경험이 전혀 없었다. 그 어떤 글도 발표한 적이 없었다. 노스캐롤라이나 대학교나 하버드 대학원에서 희곡을 쓸 때조차도 내 삶과 재능을 온통 글쓰기에 바친 적은 없었다. 작가니 출판사니 작품이니 하는 것들로 이뤄진, 말할 수 없이 신비하고 엄청난 출판의 세계에 대해, 나는 어린 시절이나 마찬가지로, 나와 동떨어진, 거의 낭만적으로 비현실적인 세계라고 느꼈다. 일찍이 나는 아버지의 시집에서 바이런 경이나 테니슨 경의 초상을 보았다. 그러나 나는 내 책에, 그 안에 내가 부려놓은 세상과 인물들에, 내가 창조한 삼라만상의 빛깔과 날씨에 사로잡혀서, 아직 책을 출판한 적이 없지만 틀림없이 일이 잘 풀릴 거라는 믿음 하나로 글을 쓰는 젊은이의 밝고 활활 타오르는 열정으로 쓰고 또 썼다. 신기하고 말로 표현하기 어렵지만, 작가라면 무슨 이야기인지 곧장 마음에 와닿을 것이다. 나는 글을 쓰는 젊은이라면 당연히 그렇듯이 유명해지고 싶었으나, 명성이란 눈부시지만 몹시도 불확실한 것이었다.

세상이 내 글을 읽지 않을 수 없을 거라는 확신을 품고 줄기차게 썼지만, 그러면서도 독자가 누구일지 나는 결코 알지 못했다. 그러나 내 글이 누구에게 가닿을지, 내 고투의 끝, 목표점,

종착지가 어디인지는 몰라도, 거센 창작열의 불꽃은 두 해가 넘는 세월 내내 타올랐고, **그들**이 내 글을 선택하고 읽고 좋아해주고 나를 작가로 인정해 주리라 믿었다. 비록 '그들'이 누구일지는 쓰는 내내 몰랐지만 말이다. 모든 것이 불확실한 상황에서 오로지 거세고 뜨거운, 꺼트릴 수 없는 희망의 불꽃에 의지해 첫 책을 써 내려간 경험이 있는 지난날의 작가들은 모두 다 나와 같은 과정을 거쳤을 게 틀림없다고 나는 확신한다. 비록 자신의 첫 작품을 쓰고 출판한 경험이 없는 사람이라 해도, 한 사람의 작가가 탄생하기까지 거쳐야만 하는 처음이자 가장 중요하고 독보적인 그 과정에 대해 꼭 알아야만 한다는 생각에서 이 이야기를 한 것이다. 내 첫 책에 대해 그 이상으로 많은 이야기를 하지는 않겠다. 내 이야기의 요지는, 나는 단 한 곳의 출판사도 알지 못했고 내 책을 읽어줄 대중도 머리에 떠올리거나 상상할 수 없었고, 창작과 성취의 방법론과 관련해 그 어떤 구체적이고 실질적인 경험도 없었지만, 내 책을 읽어줄 대중이 있으리라고 확신했고, 내 책이 마침내 그 존재 이유라 할 성공을 거두리라는 확신이 있었기에 썼다는 것이다. 그럼에도 그 모든 것은 일종의 꿈이었다. 글을 쓰고 작품을 펴내는 일에 종사한다는 것이 내게는 여전히 아버지의 시집에서 바이런 경이나 테니슨 경의 초상을 바라보던 어릴 적이나 다름없이 멀고 아득하게만 느껴졌다. 내가 책을 강력하고 성취된 실체로서 바라본 것은 오로지 취중 망상 속에서였다. 인쇄되고 출판되어, 내가 바라던 대로 이 세상천지의 흔치 않은, 세련된, 멋진 사람들의 우러름과 존경을 내게 안겨줄, 그런 실체로서 말이다.

첫 책은 내 나이 스물여덟 살 때 완성되었다. 나는 아는 출판사도 작가도 없었다. 내 친구 하나가 자그마치 35만 단어* 분량의 그 거대한 원고 뭉치를 자기가 아는 편집자에게 보냈다. 한두 주일 뒤에 출판하기 어렵겠다는 답이 돌아왔다. 그 원고와 비슷한 책 다섯 권을 한 해 전에 출판했는데 모두 실패했을뿐더러 내 원고는 지금 상태로는 너무 아마추어적이고 자전적이며 서툴러서 출판사가 승부수를 두기에는 부족하다고 했다. 이 첫 타격에 나는 너무나 기가 죽고 맥이 빠져, 2년 반 동안 나를 지탱해 주던 창작의 환상이 완전히 산산조각 나는 바람에 그 편집자의 말을 현실로 받아들였다. 그 말이 나 자신의 생각에 종지부를 찍은 듯한 느낌이었다. 당시에 뉴욕의 한 유명 대학에서 강사로 일하고 있었는데 연말이 다가올 때 출국했다. 나라 밖에서

---

* 국문으로 말하자면 200자 원고지 대략 5250매에 해당한다. 한국 출판계에서는 아직도 편의상 글을 '200자 원고지 몇 장' 하는 식으로 계량하는데, 200자 원고지 한 장은 영문 약 66단어에 해당한다. 이 책에서는 영어권의 관습대로 작가가 글의 양을 단어 수로 표기하고 있으니, 궁금한 독자께서는 단어 수를 66으로 나눠보시면 글의 양을 국문 기준으로 환산하여 가늠할 수 있다.

지낸 지 6개월쯤 되었을 때에야 미국의 다른 편집자*에게서 자기가 내 원고를 다 읽었고 귀국하는 대로 원고에 대해 의논하고 싶다는 소식이 왔다.

나는 새해 첫날 미국으로 돌아왔다. 이튿날 내게 편지를 썼던 편집자에게 전화를 걸었다. 그는 자기 사무실로 와서 이야기를 나누면 좋겠다고 했다. 나는 곧장 갔고 그날 아침 계약서에 서명하고 500달러짜리 수표**를 손에 쥔 채 그의 사무실을 나왔다.

작가가 되는 과정에서 누구나 나와 같은 극적인 과정을 겪지는 않겠지만 나는 그 일로 크게 깨달았다. 내가 쓴 글이 돈으로 바꿀 만한 가치가 있다는 사실을 그토록 명확하게 확인한 것은 그때가 처음이었으니까. 그날 나는 사무실을 나와서 48번가의 5번 대로를 메운 군중의 물결에 합류하여 순식간에 110번가까지 떠밀려 갔는데, 내가 어떻게 거기까지 갔는지 아직도 모

---

*   맥스웰 퍼킨스를 말한다. 그런데 다른 출판사에서 퇴짜 맞은 울프의 첫 소설 원고를 읽고 퍼킨스가 유럽 여행 중인 울프에게 편지를 보내 두 사람이 처음 만나기까지의 이야기에는 날짜의 착오가 있는 듯하다. 《맥스웰 퍼킨스의 아들들The Sons of Maxwell Perkins》에 실려 있는 두 사람의 해당 교신 내용을 보면, 퍼킨스가 울프에게 출판 의사를 밝힌 첫 편지를 보낸 것은 1928년 10월 22일이고, 울프가 퍼킨스에게 12월에 귀국 예정이며 귀국하자마자 만나러 가겠다는 기쁨에 찬 답신을 쓴 것은 그해 11월 17일이며, 두 사람이 스크리브너스 출판사에서 처음 만난 것은 1929년 1월 초다.

** 1929년에 미화 500달러는 2021년 현재 가치로 약 7944달러(한화 약 914만 원)이다. www.officialdata.org

르겠다.

그다음 6개월에서 8개월 동안 나는 여전히 앞에서 말한 그 대학에서 가르치면서 이 굉장한 편집자와 원고 수정 작업을 했다. 1929년 10월에 책이 세상에 나왔다. 거기까지의 체험은, 처음 진지하게 소설 쓰기에 착수해 런던의 내 방에서 두 손으로 머리를 괴고 누워 지금 나는 왜 여기에 있는가 하고 생각할 때의 그 느낌, 글쓰기 본연의 악몽 같고 비현실적인 느낌과 여전히 통했다. 활자화된 글의 지독한 적나라함, 우리가 느끼는 치욕이나 죄책감과 거의 유사한 그 느낌이 날이면 날마다 밀려왔다. 내가 이러한 노출을 원했었는지, 믿을 수가 없었다. 나는 뻔뻔스럽게 나 자신을 드러냈지만 그 모습은 악마의 눈처럼 나를 옭아맸고 나는 달리 어찌할 도리가 없었다. 마침내 나는 나의 발견자이자 협력자인 편집자에게 이 작업이 언제 끝날지 어떻게 될지 예상하는 바를 알려달라고 했다. 그는 차라리 아무 말도 하지 않는 쪽을 택하겠다며, 이 일이 얼마나 잘될지 자기는 예언할 수도 알 수도 없다고 했다. 그는 말했다. "다만, 이 점만은 확실합니다. 세상이 이 작품을 외면하거나 무시하지는 못할 겁니다. 이 책은 자기 자리를 찾아갈 겁니다."

그 말에 그 뒤에 벌어진 일들이 꽤 정확하게 담겨 있다. 근래 몇 달 사이에 나는 이러저러한 잡지와 평론에서 내 첫 책이 소위 '비평가들의 격찬'을 받았다는 대목을 읽었으나 이는 실제와 다르다. 내 책은 무명작가의 첫 책이었다. 멋진 평가와 혹평이 엇갈리는 가운데 책은 친구들을 만들어주었고 분명 첫 책치고는 좋은 반응을 얻었다. 게다가 가장 좋았던 것은, 시간이 흘러도 독서 대중 사이에 꾸준히 친구들이 생겨난 점이다. 책은 특별한 생명력을 보여주며 4, 5년 동안 꾸준히 팔려나간 뒤에 모던 라이브러리 출판사의 염가판으로 새 생명을 얻어 다시 팔려나갔다. 요는, 1929년 가을에 이 책이 출판되면서 나는 비로소 작가의 위치에 올라섰다는 것이다. 그리하여 작가로서 치러내야 할 엄청난 수업의 첫 장이 열렸다.

그전까지 나는 작가가 되는 게 일생일대의 소원인, 그리고 자신을 앞으로 밀어붙여 주는 희망과 거센 욕망 말고는 기댈 데 없는 젊은 작가라면 느낄 수밖에 없는 환상과 희망과 거센 욕망의 불꽃 속에서 첫 책을 세상에 내놓은 젊은이였다. 이제 얼마쯤은 처지가 바뀌었다. 희망은 미약하지만 실현되었다. 거센 욕망도 조금은 채워졌다. 간단히 말해서 이제까지는 작가가 되기를 희망하고 욕망했으나 이제 어엿한 작가였다. 책이 나왔고 사람들에게 읽히고 있었다. 첫 책치고는 비평가들에게 좋은 반응을 얻어냈다. 첫 책치고는 판매 성적도 괜찮았다. 내 이름이 알려졌고 사람들이 나를 거론했다. 이를테면 나는 '소장 미국 작가'

의 한 사람으로 꼽힌 나 자신에 대한 기사를 읽곤 했다. 몇몇 비평가들 말에 따르면 나는 주목해야 할 인물이었다. 그들은 내가 앞으로 내놓을 작품을 우려 섞인 관심으로 고대하고 있었다. 이 대목에서 다시, 내가 감당해야 할 작가 수업이 계속 가중되었다. 바야흐로 젊은 미국 작가인 나 자신에 대한 글을 읽고, 나를 두고 벌어지는 갑론을박을 들어야 했는데, 그 실상은 내가 지난날에 상상했던 바보다 훨씬 지독했다. 내가 작가로서 어떤 장단점을 지녔는지, 앞으로 발전할 싹수가 보이는지, 이내 내리막길을 걸을는지, 과연 다음 작품을 내놓기나 할는지를 두고 이러쿵저러쿵하는 말들을 읽어야만 했다. 다음 작품에 대한 의심이라면 솔직히 말해서 나로서는 한 번도 품어본 적이 없었지만 그 갖가지 독후감과 비평이 내 의식을 파고들어 지배하기 시작했다. 요는, 작가로서 내 처지가 완전히 달라졌음을 마침내 실감했다는 거다. 이전까지 나는 써야만 하니까 쓰는, 자신의 꿈과 욕망으로 출판사와 독자 대중과 화려한 명성이라는 신기루를 피워 올리던 젊은 무명씨였다. 이제 그것들을 얼마간 얻었는데, 이런 식일 줄은 미처 예상도 우려도 하지 못했었다. 나는 남들의 토론거리이자 입담거리인 미국 신인 작가였고, 나에 대해 쓴 글들을 읽어야 했으며, 내 두 번째 작품과 향후의 작업을 미심쩍어하거나 기대한다는 이야기들을 들어야 했다. 친구들과 모르는 사람들에게서 편지들이, 충고와 비평의 말들이 쏟아졌다. 그것들은 내게 물었다. 계속 이 길로 매진할 것인지, 이번이 회심의 한 방이었는지, 쓸 거리가 더 있다고 생각하는지 아닌지, 내면의 모든 것을 남김없이 쏟아내 고갈되었는지, 줄기차게 써낼 만한 삶의 밑천이나 저력의 소유자인지 아닌지.

애초에 내가 품었던 가장 큰 걱정은 내 능력에 대한 의심, 불신, 자신감 부족이 아니라 나 자신의 뜻하지 않은 완전 노출에 있었다. 나는 작가 지망생이라면 누구나 그렇듯이 명성을, 책의 출간을, 내 글의 독자를 원했고 이제 그것들을 모두 얻었다. 그런데 내가 예상한 방식이 전혀 아니었다. 나는 괴로웠고 혼란스러웠고 죄책감과 책임감 같은 낯선 감정을 느꼈다. 나는 젊은 미국 작가였고 그들은 내 장래에 대해 기대 반 우려 반 하고 있는데 내 능력은 과연 어느 정도일까? 뭔가 해낼까? 전혀 아닐까? 엄청나게, 아니면 미미하게? 그들이 찾아낸 내 작품의 결점들은 악화될까, 극복될까? 나 또한 한때 반짝하고 사라지는 작가 명단에 내 이름을 보탤 뿐일까? 이 통과의례를 무사히 치러낼까? 내 앞날에 어떤 일들이 벌어질까?

나는 그런 걱정들에 사로잡히고 말았다. 밤에 집에 돌아와 방 안을 둘러보면 아침 커피잔, 바닥의 책들, 간밤에 벗어던진 그대로 널린 셔츠, 산더미처럼 쌓인 원고 뭉치 등속이 눈에 들어

왔는데, 사람 사는 집이라면 당연한 그 평범하고 낯익고 어수선한 광경 앞에서 나는 내가 이제 '젊은 미국 작가'임을 생각하곤 했다. 내 셔츠도 책들도 침대도 예전과 똑같은 모습이어서, 그러니까 그것들이 어수선하고 추레하고 평범하고 익숙한 모습이어서가 아니라 예전과 다름없어서, 내가 어쩌면 내 독자들과 비평가들을 상대로 사기를 치고 있는지도 모르겠다는 생각이 들었다는 거다.

여기에 또 다른 문제가 내 의식을 괴롭게 갉아먹기 시작했다. 나는 첫 책으로 성공한 신예 미국 작가였다. 비평가들은 차기작에 대해 질문해대기 시작했고 나는 거기에 대해 생각해야만 했다. 나는 두 번째 책, 서른두 번째 책, 쉰두 번째 책에 대해 고민하게 되기를 줄곧 소망했었다. 작가가 되기를 희망한 별 볼 일 없는 소년인 나는 내면에 몇백 권의 책을 품고 있었고 그것들이 하나같이 근사해서 내게 명성을 안겨줄 거라고 확신했었다. 그러나 그런 거침없는 희망과 의기양양한 확신이 한순간에 푹 꺾였고, 명백하고 쓰라린 현실만 남았다. 책을 써서 명성을 얻고 생애 역작을 남기길 원했던 젊은이, 오로지 그 꿈에 취해서 다른 것은 전혀 눈에 보이지 않던 젊은이는 쉰 권의 책을 쓰는 것을 쉬운 일로 여겼다. 그러나 막상 한 권을 쓰고 나니 '그들', 책을 읽은 현실의 독자들과 비평가들은 다음 책을 기다렸고 나는 궁지에 몰렸다. 나는 두려워하거나 회피하지 않고 그저 벽을 맞닥뜨렸을 때처럼 냉정하고 진지하게 이 곤경에 맞섰다. 나는 작가였다. 작가로 살기로 작정했고, 그 첫발을 이미 내디딘 터였다. 다른 선택은 없었고 첫걸음을 물릴 수도 없었다. 오직 앞으로 나아가야 했다. 어쩌겠나? 첫 책이 나왔으니 두 번째 책도 나와야만 했다. 두 번째 책은 무엇에 대한 이야기여야 할까? 무엇에 대해 써야 할까?

그 냉혹한 문제로 말하자면, 갈수록 점점 더 세게 나를 짓누르긴 했지만 처음부터 나를 그렇게 괴롭혔던 건 아니다. 나는 오히려 첫 책의 출판과 관련된 다른 문제들에 더 신경을 썼고, 이 또한 전에 그랬듯이 내가 전혀 예상하지 못한 일들이었다. 무엇보다도, 나는 사람이 책을 한 권 쓰고 나면 절대적으로 명백하고 분명해지는, 그러나 다 쓰기 전에는 전혀 알 수 없는 한 가지 사실과 마주하게 되었다. 그것은 바로, 사람이 책을 쓰는 것은 기억하기 위해서가 아니라 잊기 위해서라는 사실이었고, 책을 쓰고 나니 그 점이 자명하게 와닿았다. 책이 출간되자마자 나는 책에 대해 잊기 시작했고, 잊고 싶었고, 사람들이 나에게 책을 화제로 말을 붙이거나 질문하는 게 싫었다. 누가 내 책 이야기를 하거나 이런저런 대목이 어떤 의미냐는 등 작가 의도가 무엇이냐는 등 질문하면 나는 끔찍하리만큼 거북했다. 나는 제발 그들이 나를 내버려두고 책에 대해 입 닥쳐주었으면 싶었다. 그렇지만 그 모두가 내가 그토록 원했던 책의 성공이 몰고 온 일이고 보면, 그야말로 고통스럽고 참을 수 없는 이율배반이 아닌가. 나는 사람들이, 많은 사람들이 내 책을 읽고 감탄해 주기를 바랐다. 나는 그들에게 좋은 작가로 여겨지기를 바랐다. 그들이 내가 좋은 책을 썼다고 여겨주길 바랐다. 세상이 내 책에 영예와 존경을 안겨주기를 갈망했다. 말하자면 나는 성공한 유명인이 되고 싶었으나 그때까지 누려온 무명인의 사생활도 그대로 유지하고 싶었고, 나를 두고 명성이며 성공을 말하는 것도 바라지 않았다. 글을 쓰며 나와 같은 꿈을 키웠던 젊은이라면 누구나 틀림없이 일이 이와 같이 흘러갈 것이다.

이 당황스럽고 이율배반적인 문제가 또 다른 고통스럽고 까다로운 상황을 빚어냈다. 작품을 써서 출간하고 나자 나는 이미 작품을 아득히 멀리 떠나보낸 것처럼 느끼기 시작했는데, 그와 동시에 세상에 내놓은 그 책의 생생하고 실체적인 존재와 날마다 마주하게 되었기 때문이다. 대중은 내 책에 대해 편지를 쓰거나 말을 걸어왔고 그에 응답하려 애쓰다 보니 내가 사기꾼 같다는 생각에서 벗어날 수 없었다. 나는 질문에 대답하려고, 이런저런 장면에 담긴 의미를 설명하려고 애쓰곤 했지만 나 자신에게도 그 의미는 명확하지 않았을뿐더러 해당 장면을 쓸 때 내가 느꼈거나 상상했던 바를 되짚어 보거나 생생히 되살리는 게 불가능하다는 생각이 들었고, 때로는 그게 뭐든 대체 나랑 무슨 상관이랴 싶었다. 이것이야말로 작가가 부닥칠 수밖에 없는 가장 고통스럽고 당황스러운 문제 중 하나임이 틀림없다. 실로 작가는 잊으려고 책을 쓰고, 독자는 기억하려고 책을 읽는다. 이 두 전제가 충돌해서 가끔 기이하고 믿기 어려운 상황이 빚어진다. 이를테면 나는 내 첫 책의 내용 대부분을 내 지난 삶과 그 경험에서 곧장 가져다 썼을 뿐 아니라, 이제 와서 생각하면 가혹하고 적나라한 현실을 가차 없이 솔직하게 드러내겠다는 생각으로 썼고, 이는 젊고 설익은 작가가 발표한 첫 작품의 특징일 것이다. 어쨌거나 나는 솔직히 말해서 그 뒷일은 전혀 내다보지 못했다. 전혀 예상하지 못했다. 나는 내 책에 많은 비평가와 독서 대중이 보인 반응에도 놀랐지만 내 고향에서 보인 반응에 가장 크게 놀랐다.

하기야 책에 나오는 어떤 이야기들이 줄곧 걱정되긴 했다. 적나라하고 거침없는 서술이 내 일가친척들 대다수가 살고 있는 고향 마을에 가져올 파장을 우려해 책 서두에 따로 이에 대해 밝히기도 했다.* 그러나 실제로 내 책이 고향 마을에 일으킨

---

*   그 글이 바로 이 책 부록의 첫 번째 글이다.

파장은 솔직히 말해서 상상을 초월했다. 나는 고향 사람들 중 극소수가 내 책을 읽을 테고 그중에는 달가워하는 사람도, 즐기는 사람도, 분개하는 사람도 있을 거라고 생각했다. 그 이상의 일에 대해서는 아무런 대비가 없었다. 나는 고향에서 내 책을 백 명쯤은 읽으리라 예상했지만, 흑인과 맹인과 글을 전혀 모르는 사람은 읽을 리가 없으니 나머지 고향 사람들 중에 그 백 명이 어디 있을까 싶기도 했다. 내 고향 마을에서는 정도 이상의 괘씸함과 격분이 몇 달 동안 끓어넘쳤다. 마을의 주요 교회 목사들은 연단에서 책과 저자를 맹렬히 비난했다. 남자들은 길모퉁이에 모여 갑론을박을 벌였는데 대세는 비난으로 기울었다. 여러 주 동안 여자들은 카드놀이를 하러 모이든 차를 마시든 연회를 열든, 아무튼 어떤 사교 모임에서든 책 이야기로 핏대를 세우기에 바빴다. 욕설과 비방으로 가득 찬 익명의 편지들도 날아들었다. 고향에 발을 들여놓으면 죽여버리겠다는 협박 편지가 한 통 있었고, 나머지는 그저 역겨운 소리였다. 내가 어릴 때부터 죽 알고 지낸 품위 있는 한 노부인은 숨 쉴 틈도 없이 이어지는 장장 여덟 쪽에 이르는 별난 편지를 보내왔는데 거기 쓰기를, 어떻게 그처럼 영혼을 더럽히는 죄를 저지를 수 있었느냐며, 자신은 그동안 사적인 응징이 옳다고 믿은 적이 없지만 성난 군중이 '시체가 된 당신의 몸뚱이'를 광장으로 끌어낸다 해도 전혀 말리고 싶지 않을 거라고 덧붙였다.

그런 종류의 모질고 매서운 공격이 고향 마을로부터 빗발쳤고, 나는 새내기 작가라면 반드시 치러야 할 또 다른 작가 수업을 그때 비로소 치렀다. 출판물의 위력이 얼마나 적나라하고 잔혹한지 깨달은 것이다. 나는 그저 어안이 벙벙했고 도저히 당해낼 수 없겠다는 기분이 들었다. 이건 전혀 예상하지 못한 상황이었다. 책을 내서 바깥세상에서는 상당한 명성과 좋은 평가를 얻기 시작했지만, 고향에서는 패륜아나 버린 자식 취급을 받게 된 것이다. 책이 안겨준 의기양양한 기분과 기쁨은 고향에서 내 책에 보인 반응이 불러일으킨 쓰라린 울분, 불안감과 뒤섞였다. 그렇지만 그런 상황에서도 얻은 바가 있다. 새내기 작가라면 누구라도 스스로 해결해야 할 다음과 같은 문제들과 맞대면한 것이다. 작가의 글감은 어디에서 나오는가, 그 글감을 활용할 적정선은 어디인가, 사회 구성원으로서 작가의 책임감은 글감 활용의 자유를 얼마나 통제해야 하는가. 몹시도 난감하고 까다로운 문제이고 아직도 제대로 천착하지 못했으며 만족스러운 답도 얻지 못한 문제다. 아마 앞으로도 그럴 테지만, 그때 감당했던 고통과 걱정근심 덕분에, 내 첫 책의 여파로 나 때문에 다른 이들이 고통받은 덕분에, 나는 여러 가지 생각을 할 수 있었고 어떤 결론에 이르렀다.

내 첫 소설은 흔히 자전적 소설이라고 불리는 종류다. 나는 첫 책의 서두에서 모든 진지한 창작물은 어차피 자전적일 수밖에 없으며, 《걸리버 여행기》보다 더 자전적인 소설은 아직 나온 적이 없다는 주장으로 자전적 소설이라는 명칭에 이의를 제기했다. 그리고 인간이 한 권의 책을 쓰려면 자신의 장서 전체를 뒤져야 한다는 존슨 박사*의 말을 인용하면서 소설가도 이와 마찬가지로 등장인물 하나를 만들기 위해 자기 고향 사람들 절반을 되짚어 본다고 덧붙였다. 모든 창작물은 자전적이다, 인간은 가치 있게 활용할 수만 있다면 자기가 가진 것을 글에 활용해야만 하며 자기가 가진 것이 아니면 활용해서는 안 된다, 가치 있게 활용할 수만 있다면 자신의 경험에서 나온 이야깃거리들을 어느 정도 활용해야만 하며 자신만의 경험에서 나온 이야깃거리가 아니면 활용해서는 안 된다는 게 내 주장이었는데, 고향 사람들은 여기에 설득되거나 수그러들지 않았고, 고향만이 아니라 다른 곳에서까지 자전적 소설에 대한 비난이 이어졌다.

그 당시에는 그런 비난에 무척 분개했지만 시간이 흘러가면서 거기에 내포된 매우 중요한 창작의 문제점에 대해 시간을 가지고 깊이 생각하게 되었고 이제 그때처럼 발끈하거나 원망하지

---

* 새뮤얼 존슨(Samuel Johnson, 1709-1784). 영국의 시인, 비평가, 수필가, 사전 편찬자.

는 않는다. 이미 말했거니와, 나는 모든 진지한 창작물은 그 바탕에 자전적 요소를 깔고 있으며 작가가 실질적인 가치가 있는 무엇인가를 창작하려 한다면 자기 삶에서 얻은 소재나 경험을 활용해야 한다고 굳게 믿는다. 반면에 나는 이제, 새내기 작가들은 종종 그 미숙함으로 말미암아 예술로 승화하기에는 너무나 노골적이고 직접적인 삶의 소재나 기억을 작품에 써먹곤 한다는 사실도 인정한다. 자기 삶의 체험을 그런 식으로 활용하다 보면 새내기 작가는 실제와 리얼리티의 경계선이 어디인지 혼동하기 쉽다. 과거에 실제로 있었던 일이므로 자기도 모르게 그 사건을 있었던 그대로 묘사하려 드는 것인데, 이제 내가 작가로서 바라보니, 이는 잘못이다. 예를 들어 몸가짐이 정숙하지 못한 매력적이고 아름다운 어떤 여성이 1907년에 켄터키주에서 왔다는 기억 속의 사실은 중요하지 않다. 그녀가 아이다호주에서 왔든, 텍사스주에서 왔든, 노바스코샤주에서 왔든, 출신 주가 어딘지는 아무 상관이 없다. 진짜 중요한 것은 몸가짐이 정숙하지 못한 그 매력적이고 아름다운 여성이 실상 어떤 여성인지 최대한 표현하는 것이다. 그러나 사실과 자신의 미천한 경험에만 얽매인 미숙한 새내기 작가는 아직 그 속박에서 벗어날 만큼 원숙하지 못한 탓에, 이렇게 주장하기 쉽다. '그 여자는 실제로 켄터키주 태생이므로 켄터키주 태생이라고 서술해야만 한다.'

그럼에도 불구하고 창작할 재료를 가지고 있는 사람이 자기만의 경험을 곧이곧대로 글로 옮기는 것은 현실적으로 불가능하다. 작품의 세부는 온통 예술가의 개성으로 매만져지고 바뀐다. 따라서 나의 첫 책으로 말하자면 단 한 쪽도 사실에 충실하게 채워지지 않았다고 단언할 수 있다. 이런 맥락에서 나는 창작에 대한 또 하나의 흥미롭고도 시사적인 깨달음을 얻었다. 내 책의 내용은 사실에 충실하지 않았다 해도 내 고향의 일반적인 경험에 충실했으며, 바라건대 현재를 사는 모든 사람의 일반적인 경험에 충실했다. 형상을 창조하기에 적합한 진흙을 찾아낸 조각가의 상황에 나를 대입하면 가장 잘 설명할 수 있을 듯하다. 그 진흙을 캐낸 지역을 잘 아는 농부가 작업 중인 조각가에게 "나는 그 진흙을 퍼온 농지를 알고 있소"라고 말할 수는 있어도 "조각 중인 인물도 알고 있소"라고 말한다면 부당하다. 내 고향 마을 사람들은 진흙을 본 적이 있다는 이유로 조각된 형상에 대해서도 다 안다고 즉각적으로 확신했고, 그 오해의 결과는 너무나 고통스럽고 우스꽝스러워서 믿어지지 않을 정도다. 이를테면 옛 지인들은 일단 내가 어떤 재료를 사용했는지 자기가 파악했다고 확신하면 내 책에 나오는 모든 사실과 사건을 자기가 알아보고 기억한다고 너무나도 쉽게 믿어버린다. 이는 나도 난생처음 알았고, 새내기 작가라면 꼭 알아두어야 할 대목이다.

나만의 경험들이 내 고향 사람들의 인증을 거쳐야만 했다. 그들은 내 첫 책에 나오는, 얼마간 실제에 기초했을까 말까 한 장면들, 사건들, 인물들을 기억했을 뿐만 아니라 내가 아는 한 그 어떤 과거의 사실에도 근거하지 않은 장면이나 사건조차 기억해 냈고, 심지어 그때 그 현장에 있었다고 믿었다. 한 예로, 내 책에는 석수가 그 지역에서 악명 높은 여자에게 자신이 오래도록 소중히 지녀온 천사상을 파는 장면이 나온다. 백번 생각해 봐도 그 장면은 어떤 사실이나 이야기에도 근거하지 않은 내 창작임이 틀림없는데, 나중에 내가 몇 사람에게 전해들은 바로는, 고향 사람들 여러 명이 그 일을 온전히 기억할뿐더러 그 거래 장면을 직접 목격했다고 했다는 것이다. 그뿐만이 아니다. 책 제목 '천사여, 고향을 보라'는 존 밀턴John Milton의 시 〈리시다스Lycidas〉에서 나왔고 그 문장을 그대로 옮기자면 "천사여, 이제 고향을 보라, 그리하여 연민으로 녹아들라"이다. 이 제목 또한 고향 사람들 사이에 온갖 억측을 낳았고, 그들은 마침내 그 제목이 석수의 집 현관에 놓여 있던, 앞에 언급한 천사상에서 나왔으며, 그 천사가 정확하게 석수의 집을 향해 서 있었기 때문에 '집 방향을 바라보라Look Homeward'라는 제목이 나왔다고 결론 내렸다. 이 논리적 결론에 따라 한 신문사가 기자와 사진가를 공동묘지로 보내 크고 인상적인 어떤 천사상을 촬영했고 그

사진에 설명을 곁들여 신문에 싣는 바람에, 졸지에 그 천사는 오랜 세월 석수의 집 현관에 서 있다가 내 책 제목에 등장한 유명한 천사가 되어버렸다. 이 한바탕 소동의 가장 쓸쓸한 대목은 정작 나는 그 천사상에 대해 듣도 보도 못했다는 사실이다. 게다가 실은 이 천사상은 그 몇 해 전 세상을 떠난 유명한 감리교도 여성의 묘소에 세워진 것이었다. 격분한 그 유족은 자신들의 어머니는 그 수치스러운 책과도, 그 수치스러운 책 제목에 나온다는 수치스러운 천사와도 전혀 관련이 없음을 밝히며 기사 철회를 요구하는 편지를 서둘러 신문사에 보냈다. 여기까지가 첫 책을 출판하고 나서 내게 닥친, 생각지도 못했던 괴로운 문제들의 일부에 대한 이야기다.

고향에서 나는 고향 사람들을 잔인하고 야비하게 공격하고 지난 50여 년의 향토사를 중상모략하여 써댄 망나니, 내놓은 자식, 쓰레기가 되어버렸다. 객지에서는 대체로 촉망받는 신예 작가, 반응 좋은 첫 책을 냈으며 어떤 차기작을 내놓을지 비평가들의 기대와 의심을 한몸에 받는 젊은이로 받아들여지는 내가 말이다. 그 여러 달 동안 나는 기쁨, 절망, 기대, 분노, 죄책감, 결백함, 자기불신, 강렬한 자기확신이 한데 섞여 들끓는 가마솥 같은 심경이었다. 한 작품을 탈고하여 출간했더니 그 책은 독자적인 생명체로 움직이기 시작했고, 책을 쓴 나는 이제 내 체계에서 그 책의 존재를 제거해 버렸으며, 앞서 말했듯이 그 책을 낯설고 나와 무관한, 아득한 객체로 느꼈다. 어쩌다 보니 나는 내 책이 제멋대로 만들어낸 두 번째 삶에 풍덩 뛰어들어 있었다.

나는 거기서 헤어날 수 없었다. 잊을 수가 없었다. 고향에서 약 1300킬로미터나 떨어진 곳에 있는데도 고향에서 내 책이 불러일으킨 온갖 갈등에 휘말려 싸우고 진땀 흘리고 몸부림치는 한편으로 고향 바깥에서 내 책이 불러일으킨 또 다른 온갖 갈등과 억측과 궁금증에 시달렸다. 다시 말해서 내가 완성한 책이 생성한 또 하나의 삶을 새로 살고 있었다. 내 과거가 분만한 책이 그 고유의 생명력으로 현재의 내 삶을 빨아들이고 사로잡고 지배했으니, 나는 이제 그만 잊고 싶었다. 이 대목에서 또다시 나는 새내기 작가라면 누구나 알아두어야 할 무언가를 처음으로 깨달았다. 하긴 그들도 겪어보기 전에는 아마 이해할 수 없을 것이다. 나는 할 일 많고 기운도 영향력도 희망도 에너지도 넘치는 젊은이인데, 내가 끝낸, 이제 내 손을 떠난, 이제 더는 내 알 바가 아닌 한 작품이 그 모든 것을 허물고 소모시키고 낭비하고 있었다. 어떻게 해야 할까? 어떻게 해야 다시 일이 손에 잡힐까?

여러 달이 흘러가고 있었다. 나는 성공을 거머쥐었다. 앞날이 창창했다. 할 일은 오로지 글쓰기인데, 나는 고향에서 내 책이 불러일으킨 반응, 별별 입담, 소문, 비방, 쑥덕공론, 분란에 대한 분노와 비탄과 원망과 덧없는 울화에 내 시간을 온통 쓰거나 아니면 반대로 비평가나 독자의 찬사에 환호작약하고 악평과 비아냥거림에 괴로워하며 자신을 낭비하고 있었다. 내 갈등과 몸부림의 본질이 나를 정통으로 내리쳤다. 나는 처음으로 예술가가 겪는 가장 큰 갈등 중 하나의 본질이 무엇인지 깨달았고, 그것을 직시해야 할 필요를 느꼈다. 예술가도 다른 사람들과 다름없이 살고 땀 흘리고 사랑하고 고통스러워하고 즐거워해야 할 뿐 아니라, 다른 사람들과 다름없이 슬픔, 죽음, 위험, 가난, 비애, 그밖에 힘겨운 나날의 근심, 걱정을 알아야 할뿐더러, 다른 사람들과 다름없이 일해야 하는, 나아가 다른 사람들과 다름없이 그 갖은 환란 속에서도 일해야 하는 존재였다. 어쩌면 단순하고 따분하게 들릴 수도 있는 이 같은 사실을, 나는 생애 가장 힘들고 최악인 시간의 한가운데에서 처절하게 깨달았다.

예술가를 위한 진공실 같은 건 없다. 남들은 다 알아야만 하는 땀도 괴로움도 고뇌도 벗어던지고, 안락하고 평안한 분위기에서 작업할 수 있는 예술가만의 시간 따위는 없다. 잠시 그런 시간을 누릴 수 있다 해도, 그것을 바라서는 안 되며, 그것에 집착해서도 안 되며, 그것을 끝없이 추구해서도 안 된다. 예술가는 자기 아버지는 물론이고 이 땅을 스쳐 간 모든 인간이 그래야만 했듯이 땀과 고생과 인생의 희로애락을 껴안은 채 삶과 예술을 병행해야만 한다.

어쨌든 첫 책이 일으킨 감정의 소용돌이에 휘말려 거의 탈진 상태로 허송세월하느라고 나는 다음 책에 거의 손을 대지 못했다. 솔직히 말하면 작업을 위한 예비 기록장에 수많은 메모, 토막글, 몇 마디 대화나 등장인물에 대한 아이디어를 작성해 나갔을 뿐, 글다운 글을 쓰려는 진득한 노력을 전혀 하지 못했다. 그러다가 글을 계속 쓸 생각인 새내기 작가라면 직면해야만 하는 또 하나의 중대하고도 기본적인 문제에 부딪혔다. 어떻게 해야 글이 써질까? 글쓰기에 얼마만큼의 시간을, 얼마나 자주 바쳐야 할까? 글쓰기에 도입해야 할 묘방이 있다면 무엇인가? 내가 문득 마주한 것은 꾸준히, 멈추지 않고, 매일매일 쓰는 수밖에 없다는 엄숙한 진실이었다. 누구에게나 너무나 단순해 보일 수 있는 이 진실 앞에, 나는 준비가 안 되어 있었다.

어찌 보면 나는 하루아침에 아마추어의 허물을 벗었다. 자신을 표현하고 싶은 거친 희망과 그래야 할 필요성이 끓어넘쳐서 글을 썼지만 책 한 권 내지 못한 풋내기 작가라면 누구나 그러듯이, 빛나지만 불명확한 과녁을 향해 어둠 속에서 활을 쏘는 형국이었던 나를 일종의 영감에 찬 아마추어라고 일컬어도 된다면 말이다. 아무튼 나는 그런 위치에서 어엿한, 내 글을 흥미롭게 읽고 다음 행보를 기대하는 독자가 있는 작가로 신분 상승했다. 아마추어 작가 시절, 내 사전에 중단이란 없었다. 그러나 계속 써야 한다는 의지와 신념으로 똘똘 뭉쳐 있었을 뿐, 써야만 할 현실적이고 당면한 이유는 지금만큼 뚜렷하지 않았다. 첫 소설을 쓰는 중인, 책을 내줄 곳도 독자도 없는 새내기는, 이미 책을 냈고 일정표와 다음 출간 시기를 염두에 두고 차기작의 탈고를 별러야 하는 작가와 달리 꼭 써야만 할 필요도 시간의 압박감도 느끼지 못한다. 나는 첫 책을 낸 다음 6개월을 앞서 말한 창작 메모와 토막글 말고는 아무것도 쓰지 않고 흘려보냈다는 사실을 문득 깨닫고 망치로 얻어맞은 것만 같았다.

그사이 책은 느리지만 꾸준히 팔려서, 출간 5개월쯤 뒤인 1930년 2월이 되자 워싱턴 스퀘어 칼리지의 영어 강사로 고용되어 있던 뉴욕 대학교 교직원 자리를 사직하고 다음 작품에만 매달려도 먹고살 수 있겠다는 판단이 섰다. 게다가 그해 봄 구겐하임 재단 지원금을 받게 되어 한 해 동안 해외에 머물며 글을 쓸 수 있는 행운을 잡았다. 그리하여 5월 초에 나는 다시 미국을 벗어났다.

6월 중순까지 두 달에 걸쳐 나는 파리에 머물렀다. 그런데 하루에 네댓 시간 정도 좀 더 진지하고 의무적으로 일에 매달렸는데도 글은 엉키고 끊어지고 지리멸렬하기만 했다. 별개의 챕터, 장면, 섹션 들이 비로소 모습을 드러내긴 했지만 책 꼴을 갖추는 데 필요한 구조적 기틀이나 통일성은 여전히 전혀 보이지 않았다. 게다가 평소에 강력한 흥분과 나른한 나태함의 기이한 범벅이라 여겼던 파리 생활이 나를 방해했다. 이 멋진 도시의 삶은 언제나 그랬듯이 나를 사로잡는 한편으로 떠돌이라는, 정처 없다는, 외롭다는 느낌, 그 도시에 가면 느끼곤 했던 오래된 감정들을 남김없이 되살려 냈다. 파리는 적어도 내게는 예나 지금이나 세상에서 가장 강력하게 향수 도지게 하는 도시였다. 나만 이방인이고 국외자라는 생각에 몹시 시달려야 하는 도시 말이다. 아무리 매력적이고 유혹적이어도 일에 몰두하기에 좋은 도시는 전혀 아님이 분명했다. 글을 어디에서 쓰느냐의 문제는, 내 생각에 부질없게도, 새내기 작가들에게 지대한 의문과 불확실성과 혼란을 불러일으키곤 하니, 이 대목에서 그 이야기를 좀 해보겠다.

어디에서 쓰느냐로 말하자면 나는 온갖 시행착오를 거쳤고 이제 거의 그 문제에서 놓여났다. 내가 처음 파리에 간 것은 6년 전 내 나이 스물네 살 때인데, 그때 나는 그 또래 젊은이가 파리에 가면 느끼는 낭만적인 믿음과 어리석음으로 충만했다. 이 첫 파리행은 글을 쓰기 위한 거라고 나는 스스로 다짐했고, 파리라는 이름의 마법이 너무나 강력하고 매력적이어서, 그 이름이 우리의 상상력에 너무나 큰 환상을 불어넣어 놓았기 때문에, 나는 파리에 가면 이 세상 어느 곳에 있을 때보다도 글이 잘 써질 거라고, 대기에 예술적 에너지가 가득할 거라고, 미국에서는 찾기 어려웠던 예술가의 상서롭고 즐거운 삶이 반드시 펼쳐질 거라고 진심으로 믿었다. 나는 그런 기대가 말짱 헛것임을 깨달았다. 그 시절에는 너도나도 자기 나라를 벗어나 도피처를 찾는 게 유행이었는데, 이는 진정으로 작업할 장소를 찾는 행위가 아니라 작업에서 도피할 장소를 찾는 행위였음을 나는 아주 분명하게 깨달았다. 명분은 미국 생활의 속물근성, 물질 만능주의, 추악함을 벗어던지고자 떠난다는 것이었지만 실상은 자신과의 정면 대결을 회피하려고, 내 안에서 나만의 삶의 원칙을 찾아야 한다는, 내 삶과 경험에서 예술의 재료를 건져 올려줄 무엇인가를 찾아내야만 한다는 엄중하고 쓰라린 요구를 외면하려고 우리는 떠나는 것이다. 생명력 있는 무엇인가를 써낼 사람이라면 누구나 자기 내면에서 그런 재료를 끌어내야 하고, 그러지 못한다면 길을 잃을 수밖에 없다.

하버드의 희곡 수업 과정에서 만났던, 또는 남부에서 아니면 뉴욕에서 만났던, 화가나 소설가나 작곡가가 되겠다던, 또는 되려고 했다던 젊은이들 중 얼마나 많은 이가 작업하기 적합한 곳이어서 파리로 갔으며, 그랬다가 더 적합한 곳이어서 스페인으로 갔으며, 그랬다가 이탈리아나 마요르카나 카프리로, 또 다른 어디로 갔는지 나는 기억한다. 언제나 이유는 작업하기 좋은 곳을 찾아서였다. 그 결과가 얼마나 별 볼일 없었는지도 나는 잊지 않았다. 우리는 그때마다 거의 빈손으로 돌아와야 했고, 그러고는 자신을 기만하고 속여야 했다. 그리하여 내가 마지막으로 영원히 깨달은 단순하고 기본적이고 지극히 평범한 사실이 또 한 가지 있으니, 여러분은 나와 같은 전철을 밟지 않기를 바란다. 오늘날의 젊은 작가들은 이런 판단 착오로 크게 낭패 보는 일이 없기를 바라지만, 우리 시대 젊은이들의 삶에는 그런 착각이 깊이 뿌리박고 있었고 그리하여 완전한 파멸에 이르거나, 겪지 않아도 될 엄청난 혼란을 겪어야 했다. 내가 최종적으로 영원히 마음에 새긴 진실은 시인 호라티우스가 남긴 "네 머리 위 하늘을 바꿀 수는 있어도 네 영혼을 바꿀 수는 없다"라는 명언에 담겨 있다.

많은 이들이 오랜 세월 동안 한 일이란 결국 하늘만 바꾸면 내면에서 놀라운 화학 변화가 일어나리라는 희망을 안고 새로운 하늘을 찾아 헤맨 것이었음을 나는 한순간 깨달았다. 작업을 하겠다고 파리, 스페인, 이탈리아로 가서 정작 우리가 한 일이란 도피할 궁리, 맞대면해야만 할 갈등과 고심에서 도망치기, 자신의 정신적 나태, 함량 부족, 역량 미달, 용기 부족, 모자란

재주 외면하기였다. 나는 즉각적이고 영원한 깨달음을 얻었다. 신화적인, 마술적인, 경이적인, 기적적인, 신비로운 작업 환경은 내 주위 도처에 있었으며, 내 안에 힘과 의지가 있고 써야만 할 강력하고 불가항력적인 필요만 있다면 내가 있는 곳이 글을 쓸 최적의 장소였다.

글쓰기 좋은 장소라! 한때 그곳은 파리였고 한때 스페인이었으며 이탈리아, 카프리, 마요르카였다. 그러나 내가 일과 더불어 있기만 한다면, 그곳이 키어커크, 포틀랜드, 메인, 덴버, 콜로라도, 얀시 카운티, 노스캐롤라이나인들 어떻고, 다른 어디인들 어떠랴. 내가 유럽을 여러 차례 들락거린 끝에 겨우 그 사실을 깨달았다 해도, 그 모든 방랑의 대가로 얻은 교훈이 오로지 그것이라 해도 그 과정은 분명 가치 있을 텐데, 내가 얻은 것은 그 이상이었다. 방랑의 세월을 통해 나는 깨달았다. 내 나라를 발견하려면 내 나라를 떠나봐야 한다는 것을. 미국을 알려면 미국을 가슴으로, 마음으로, 기억으로, 영혼으로, 그리고 이국땅에서 느껴봐야 한다는 것을. 내가 바로 그랬다. 유럽을 드나든 그 여러 해 동안 나는 날마다 내 주변에서 벌어지는 각양각색 이국의 삶을 관찰했다. 내 삶은 그것들을 겪고 응시하는 과정을 통해 무한히 두터워지고 자극받았으며, 방대하고 풍부하고 헤아릴 수 없는 비교 관찰 기회의 수혜를 입었다. 나는 내가 속한 삶, 미국인으로서의 삶을 내가 이방인으로서 머물고 방랑한 곳의 새롭고 낯선 삶과 견주어보는 일에 나를 모조리 바쳐 이를 기억하고 경험했다.

국외에 머문 시간 동안 고국에 대한 간절함을 통해 미국을 발견했다고 말할 수 있겠다. 미국을 떠났기에 미국을 발견했다. 이 대단한 소득의 원천은 바로 나의 상실감이었을 것이다. 이제까지 다섯 차례의 유럽행에서 매번 나는 그리움과 기쁨을 안고, 돌아가고 싶다는 미칠 듯한 절실함을 품고 고국으로 향했다. 언제 어디에서 무슨 일로 그랬는지는 다 기억하지 못하지만 매번 떠돌이의 비통함을, 모국에 대한 갈증과 그리움을, 돌아가야 한다는 불가항력적 열망을 느꼈다.

파리에 머물렀던 그 여름은 이 지독한 향수병이 극에 달했던 시기이며, 내가 쓰기 시작한 작품의 소재와 구성은 그러한 정서, 기억하고 갈망하는 데에 쏟아부은 그 끈질기고 거의 견딜 수 없는 고투, 잠시도 나를 편히 놔주지 않던 고투, 해도 해도 수그러들 줄 모르던 고국과 관련된 기억, 잠잘 때조차 끊기지도 사라지지도 않던 그 상념들, 고국에 대한 이 모든 어마어마하고 절망적인 기억에서 나왔다고 나는 굳게 믿는다.

글쓰기의 기본에 대한 좀 더 실질적이고 기술적인 이야기를 기대하는 독자라면 내 이야기가 글쓰기와 작가라는 직업의 실질적인 측면보다는 새내기 작가 앞에 닥칠 정신적·정서적 어려움에 치우쳤다고 여길 수 있겠다. 그러나 나는 글쓰기에 관한 한 대단히 구체적이고 실질적인 사람이며, 이제까지 이야기한 내용은 모든 현실적 문제점들, 향후 4년 반 동안 내 모든 시간을 바친 작업의 실질적이고 구체적인 요소들을 기술하기 위한 서두에 불과하니 안심하시라. 일례로, 나는 매우 집요하고 정확하고 생생하고 구체적인 기억력의 소유자다. 평균치 이상으로 강렬한 감각 인상이라는, 대상의 냄새, 소리, 색깔, 형상, 느낌을 그대로 생생하게 되살려 내는 능력이 내 기억력의 특징이다. 나의 기억력은 밤에도 낮에도, 내가 애초에 저지하거나 통제할 겨를도 없이 작동해서는, 제멋대로 시도 때도 없이, 삶의 온갖 형태와 본질과 모양새가 담긴 눈부신 가장행렬처럼 내 의식을 가로질러 몰려왔는데, 그것들이 내가 두고 온, 나의 기원, 나만의 미국이었다.

남이 보면 기괴하고 우스꽝스럽다 할, 그 놀랍도록 다채롭고 세밀한, 헤아릴 수 없이 많은 이미지가 제멋대로 나를 습격했다. 내 생활을, 정신을, 깨어 있는 시간과 잠든 시간을 채웠다. 막아 보려 노력했더라도 어쩔 수 없었을 것이다. 그 이미지들은 무엇이었을까? 그것들은 그저 광범위하고 일반적인 이미지들, 다시 말해 유럽의 온화한, 세심하게 관리된, 윤기 흐르는 세련됨과 대조되는 야생의, 내버려진 듯한 미국 풍경이 아니었다. 미국인의 정신에 깃든 것, 처음으로 유럽의 잘게 분할된 지형 앞에서 유폐감을 느낄 때 미국인이 강력하게 환기하는 것은 널찍한 공간감과 미 대륙의 광활함만은 아니었다. 유럽과 미국은 그런 거시적이고 명백한 양상에서만이 아니라 아주 사소하지만 정곡을 찌르는 숱한 세부에서 대비되었다. 예를 들어 카페의 테라스에 앉아 내 눈앞에 펼쳐지는 오페라 대로의 광경을 지켜보노라면 갑자기 애틀랜틱 시티 산책길의 철책이 떠오르는 식이다. 그럴 때면 묵직한 철 파이프의 아연 도금된 거친 매무새며 연결 부위의 이음새까지 그대로 내 눈앞에 떠올랐다. 너무나 생생하고 구체적이어서 당장이라도 손을 얹어 그 크기와 무게와 모양새를 정확히 입체적으로 느낄 수 있을 것만 같았다. 그런 환각적 장면 앞에서, 나는 갑자기 유럽에서는 그렇게 생긴 철책을 전혀 본 적이 없음을 깨달았다. 그 너무나도 익숙하고 흔하고 어쩌면 추하기도 한 물체가 느닷없이 내게 안겨주는 기이함과 경이로움은 우리가 평생을 바라보고 함께하면서도 전혀 의식하지 못했던 사물을 재발견할 때의 바로 그 느낌이었다.

아니면 그게 다리일 수도 있겠다. 아메리칸강을 가로지르는 오래된 철교가 떠오르는 식이다. 기차가 그 철교를 지나갈 때 내는 소음, 기차 바퀴가 침목과 함께 일으키는 덜그러거리는 소리, 진흙 제방, 강변의 느리고 탁하고 누런 습지, 진흙밭에 박혀 물이 절반이나 차오른 낡은 평저선平底船과 더불어. 혹은 내가 아는 가장 쓸쓸한, 귓전에 맴도는 소리일 수도 있다. 첫새벽 어느 거리로 들어서는 우유 운반차 소리, 그 느리고 쓸쓸하게 타가닥거리는 말발굽 소리, 이리저리 쏠리는 우유병들, 낡아빠진 우유통들이 갑자기 덜컹거리는 소리, 우유 배달원의 날래고 급한 발걸음, 다시 우유병들이 이리저리 쏠리는 소리, 배달원이 말에게 건네는 나지막한 한마디, 이윽고 예의 느린 말발굽 소리는 멀어져 가고 고요해진 거리를 채우는 새의 지저귐.

아니면 내 고향 마을에서 3킬로미터 정도 떨어진 곳에 있던, 사람들이 시내로 나가는 전차를 기다리던, 나무 지붕으로 하늘을 가린 작은 간이역일 수도 있다. 그 흐릿하게 바랜 녹색 칠, 내부의 널빤지와 벤치마다 주머니칼로 새긴 머리글자들을 나는 바라보고 더듬는다. 나무 진이 훅 끼치는, 나를 설레게 하는, 미지의 즐거움이나 이루어질 예언에 대한 낯설고 뭐라 말할 수 없는 흥분을 잔뜩 머금은 뜨듯하고 후텁지근한 실내 공기가 내 코에 스미고, 시내로 가는 전차가 정류장으로 다가오는 소리, 잠시의 음울하고 나른한 침묵이 내 귀에 들려온다. 풀과 갓 돋아난 전동싸리 내음, 이윽고 전차가 떠나면 순식간에 그곳을 채우는 텅 빈, 쓸쓸한, 동떨어진 느낌.

떠오른 것은 또 삭막하고 난잡하고 심하게 눈에 거슬리는 건물이 마구 뒤섞인 채 한없이 이어지는 어느 미국 거리일 수도 있다. 아니면 브루클린의 몬터규 거리나 풀턴 거리일 수도 있고, 뉴욕 11번가일 수도 있고, 그 밖에 내가 살았던 다른 거리일 수도 있다. 내 눈앞에 갑자기 풀턴 거리를 따라 고층 건물이 삭막하고 조잡하고 조야하게 늘어선 광경이 펼쳐진다. 먼지투성이인 데다 부서진 창틀에 쏟아지던 불빛의 형상까지도 되살아나고, 그 낡고 친근한 녹슨 빛깔이 떠오른다. 미국에서는 너무나도 많은 주변 사물이 띠고 있는 그 독특한 녹슨 빛깔, 내가 백만 번은 보았을, 내 삶과 뗄 수 없는 빛깔. 그 빛깔은 우리 엄마 얼굴만큼이나 익숙하지만 낯선 땅에서 떠올리는 순간 내가 진정으로 그 빛깔을 안다고 할 수 있을까 싶어지는 것이고, 이제야 그 빛깔을 알아보았다 싶어지는 것이고, 이제까지 그것에 무어라 이름 붙여본 적이 없다 싶어지는, 그것을 표현할 언어를 찾아본 적이 없다 싶어지는 것이다.

오페라 대로를 내다보며 거기 앉아 있다 보면 그런 기억들이 통째로 밀려와 미칠 것만 같았다. 그것들을 다시 보고 싶어져서. 그것들에 제대로 된 표현을, 그 모양새와 빛깔, 그것들을 인식하고 느끼고 바라보는 방식을 설명해 줄 마땅한 표현을 찾아주고 싶어져서. 어디에서 무엇을 바라보든 나는 이러한 과정을 수도 없이 되풀이해야 했다. 빈 화물차가 선로에 늘어선 모습만 보아도, 철로의 모양새와 외관과 무게만으로도, 기찻길에 깔린 자갈만 보아도, 바랜 벽돌색의 빈 화물차 행렬만 보아도, 온통 흰 밀가루로 뒤덮인 화물칸 바닥만 보아도 마찬가지였다. 빈 화물차들이 미국 땅 어딘가의 황야행 녹슨 지선을 따라 커브를 틀어 멀어져 갈 때 그 낯설고도 뿌리칠 수 없는 전율은 어딘지 희열과도, 슬픔과도, 쓸쓸함과도 통했다. 석양의 붉고 들쭉날쭉한 광채를 대하거나 겨울처럼 으슬으슬한 3월을 맞을 때도.

시간만 무한정 주어진다면 나는 그밖에도 헤아릴 수 없이 많은 것들을 묘사할 수 있다. 돌멩이, 나뭇잎, 풀잎, 나무 껍데기, 풀턴 거리 오래된 허름한 상점의 녹슨 창틀과 문틀, 10월 초에 검붉게 타오르던 버몬트주의 사탕단풍나무, 펜실베이니아주 커다란 붉은 헛간들의 위엄과 힘, 편안함. 황적색 땅덩어리의 굽이치는 곡선들, 기적처럼 만발한 꽃송이들이 장관인 사과밭, 한밤 옥수수 잎사귀들이 버스럭거리는 거칠고도 맑은 소리.

우리 모두 알고 있고 기억하고 있는, 우리의 숨결이요, 맥박이며 삶의 요체인 그 수많은 것들이 그 당시 내게는 강렬한 이미지로만, 성난 파도처럼 밀려드는 쓰라리고 견딜 수 없는 기억으로만 다가왔고, 어느 순간 나는 그것들을 표현할 말을 찾을 수 없다는 사실을, 그 모습과 차원과 분위기와 특질을, 그것들이 미국인들에게 안겨주는 의미와 정서를 전혀 형언할 수 없다는 사실을 난생처음 분명하게 깨달았다. 그러자 스스로 표현을 찾아내야만 한다는, 알지만 말하지 못했던 것에 관해 발언할 언어를 찾아내야 한다는 생각이 들었다. 바로 그러한 발견의 순간이 그 이후 내 삶의 방향과 목표를 정해 주었다. 향후 내 삶의 에너지와 재능을 무엇에 쏟아부어야 할지 그렇게 결정되었다.

그 발견의 순간은 내 작가로서의 앞날에 관련해 매우 중요한 순간이었음이 틀림없지만, 내 당면 과제인 다음 작품 쓰기의 측면에서 보자면 결정적 순간도, 최종적 순간도 결코 아니었다. 그 발견의 순간에 힘입어 그 뒤 긴 시간을 내가 무엇에 힘써야 할지 목표를 세울 수 있었으며, 내 앞에 놓인 난제가 표현의 문제라는, 어찌 보면 그때까지 전혀 인식하지 못했던 사실을 깨달았지만, 그때는 그런 것들이 내 새 책을 윤곽 짓고 확정하는 데에 전혀 도움이 되지 않는 것만 같았다. 마치 화학 원소로 이뤄진 신세계를 발견해 원소들 사이의 관계를 알아내기 시작했지만 그것들을 배열하고 구조화해서 조화롭고 유기적인 결정체로 만들어내는 것은 도저히 불가능한 상황과도 같았다. 그때 이후로 내가 한 일이란, 그 구조화를 완성하려는, 기필코 나만의 표현 방법을 발견해 내려는, 결정적이고 유기적인 결합체를 만들어내려는 노력이었다고 설명할 수 있겠다. 아직 그 일을 해내지 못했지만 해내는 과정에 있다고 믿는다. 이제까지는 그 일에 실패했지만, 실패의 원인을 꽤나 제대로 파악했다고 믿으며, 실패하지 않을 시간이 찾아오기를 물론 진심으로 간절히 바란다.

어쨌든 그 이후로, 4년 반에 걸쳐 나는 세 작품을 썼는데, 그 진행 과정을 대략 다음과 같이 설명할 수 있다. 소용돌이와 창조적 혼돈에서 시작하여 무한 혼돈과 갖은 고생과 시행착오를 거치는 가운데 정연하고 반듯한 구조가 서서히 뚜렷하게 드러나는 식이었다. 그 기간의 상당한 시간 동안 작업과 고뇌와 고통을 나와 함께했던 편집자는 나의 집필 과정을 예리하고도 익살스럽게 〈창세기〉의 천지 창조에 비겼다. "1. 한처음에 하느님께서 하늘과 땅을 지어내셨다. 2. 땅은 아직 모양을 갖추지 않고 아무것도 생기지 않았는데, 어둠이 깊은 물 위에 뒤덮여 있었고 그 물 위에 하느님의 기운이 휘돌고 있었다."*

내가 나라 밖에 머물던 해,** 이 책들의 내용이며 구상이 처음으로 또렷해지기 시작하던 그해는 내게 특별한 이미지로 남아 있다. 책에 필요한 모든 내용이 내 안에 들어차 있으나, 모쪼록 그것을 방출할 출구를, 그것을 논리 정연하게 풀어나갈 설계도를 찾아야 한다는 생각을 여러 달째 해온 터였는데, 그때 나

---

* 공동번역 성서(1977, 한국 성서공동번역위원회 간)에서 인용.

** 정확히는 두 해(1930–1931년)에 걸쳐 있다.

는 내 작품이 어떤 설계도와 골격을 취해야 할지 알지 못했고 해답을 찾을 수 없었다. 그런 내게 떠오른 이미지, 나의 창의적 의식 상태를 다른 무엇보다 정확하고 진실하게 드러내 보여주었던 이미지는 바로 이것이다. 내 안에서 끊임없이 그 힘과 무게와 위협을 부풀리고 팽창해 가는 그 무엇인가, 거대한 검은 구름 같은 게 느껴졌고, 이 구름은 자극적이었으며 곧 불어올 태풍처럼 위협적이었다. 그 구름에는 더는 저지할 수 없는 허리케인의 파괴력이 실려 있었다. 이 태풍은 끊임없이 세를 불리더니 마침내 불어닥쳤다. 폭풍이 드디어 몰아쳤다는 것, 그게 내가 말할 수 있는 전부다. 내가 스위스에 머물렀던 그 여름의 일이다. 그때 터져 나온 급류는 아직도 계속되고 있다.

실은 내가 책을 썼다고 말할 수도 없다. 내 책은 한마디 한마디, 한 줄 한 줄, 한 챕터 한 챕터 써 내려간 책이 아니다. 화산의 분화구에서 용암이 분출하듯이 나에게서 터져 나왔다. 단어들이 천 단위가 아니라 백만 단위로 저절로 구축되어 갔다. 작업이 나를 휘어잡고 지배했으며 내가 작업을 다 마치기 전에, 다시 말해 내가 마침내 첫 완성본을 탈고하기 전에 그것이 스스로 완성되었던 것만 같다. 한 인간의 가슴과 두뇌와 살과 뼈와 힘줄의 거처, 하나의 목숨이 담긴 작은 배는 창작욕이라는 이 걷잡을 수 없이 거센 폭풍을 도저히 배겨낼 수 없다. 그럴 만큼 강하지도 크지도 않다.

　책의 구상은 그해 해외 체류 중에 했지만 처음에는 윤곽도 뼈대도 줄거리도 흐름도 전혀 없었다. 앞서 언급했던 그 엄청난 폭풍을 머금은 먹구름에서 천둥과 번개가 터져 나오고 감당이 안 될 만큼 억수 같은 비가 쏟아져 내리는 듯했다. 봄철 홍수에 남쪽의 큰 강이 범람했을 때처럼 모든 것이 휩쓸려 떠내려갔고 나 또한 함께 떠내려갔다. 내 안에서 글이 급류처럼 흘러넘쳐 나 자신마저 휩쓸어가니 나는 쓰지 않을 도리가 없었다. 그렇게 글을 써대기 시작하던 시기에 대해 나는 지금 그저 글이 스스로 풀려나갔다고 말할 수 있을 뿐이다.

　그렇다면 나는 뭘 그렇게 써댄 것일까? 나를 휩쓸며 떠밀려오던 거센 파도와도 같은 창작의 밀물은 대체 무엇이었을까? 그것은 전혀 질서 정연하지 않았을 뿐 아니라 짜임새도 없었으며, 일관된 이야기도 아니었고, 계획된 밑그림도 없었다. 애초에 소설이라 부를 만한 상태가 전혀 아니었다. 나는 미국 땅에서 보낸 밤과 암흑에 대해, 잠에서 깨어남에 대해, 만 개의 작은 마을에 잠들어 있는 이들의 얼굴에 대해 썼다. 또 잠이 밀려오는 것에 대해, 어둠 속에서 강물은 어떻게 영원히 흐르는지에 대해 썼다. 수천 마일 되는 해변에 밀려와 철썩대는 파도에 대해, 달빛은 황야에 어떻게 쏟아져 내려 고양이의 차가운 눈동자를 타는 듯한 노란빛으로 채우는지에 대해 썼다. 죽음과 잠에 대해, 우리가 도시라고 부르는 허무맹랑한 삶의 반석에 대해 썼다. 10월에 대해, 밤을 가르는 요란한 열차에 대해, 아침의 배와 역에 대해, 항구의 사람들에 대해, 붐비는 배들에 대해 썼다.

그 겨울, 즉 그해 10월부터 이듬해 3월까지 영국에서 지내면서, 나는 영국 생활이 주는 아늑한 친숙감, 거기서 생기는 질서와 평온에 힘입어, 이 창작의 밀물이 불러일으킨 혼돈 상태에서 한 걸음 나아갔다. 중심을 잡고 의식적으로 그 방대한 글감들을 추스르고 매만져 나가기 시작했다. 처음으로 작품이 윤곽을 드러내기 시작했다. 비록 아직은 혼란스럽고 엉성하고 때로는 뭐가 뭔지 모를 지경이었지만, 이제 적어도 내가 대리석 덩어리를 조각하는 중이며, 작업 중인 나 자신을 빼고는 누구도 아직 알아보지 못할지언정 그 형상이 점점 뚜렷이 드러나기 시작했다고 확실히 느꼈다. 작품에 대한 내 청사진은 날마다 확고해졌다. 계획이 점점 선명해지고 정교해졌다.

내가 작품을 통해 드러내고자 했던 생각, 핵심적인 이야기는 처음부터 변함이 없었다. 절망과 회의로 허우적거릴 때도 내 신념을 굳게 다지기 위해 상기하곤 했던 그 핵심적 이야기는 이것이다. 사람이 살면서 가장 절실하게 추구하는 것, 어쨌든 누구에게나 가장 중요한 것은 아버지 찾기, 단지 육신의 아버지나 어린 시절에 잃어버린 아버지가 아니라 자신의 필요와 무관한, 자신의 배고픔보다 중요한, 자기 인생의 신념이나 힘과 결합시킬 수 있는 힘과 지혜의 상징으로서 아버지 찾기라는 것.

그러나 실제로 소설의 완성까지는 여전히 까마득히 먼 시점이었다. 얼마나 까마득한지조차 그때는 예측하지 못했고. 내가 착수한 연작의 첫 권*의 탈고까지는 그 이후 네 해가 걸렸다. 그 긴 시간이 얼마나 많은 탄생과 죽음, 절망과 패배, 승리와 지독한 피로감이 불러일으킨 기진맥진 상태로 점철될지 미리 알았더라면 내가 계속 앞으로 나아갈 기운을 짜낼 수 있었을지 의문이다. 그러나 나는 넘칠 듯한 젊음의 낙관주의로 끝내 버텼다. 많은 일에 비관적인 성정인 내가 이상하게 시간문제에서만큼은 낙천적이었고, 한 해가 지나도록 고작 죽음과 잠에 대한 장대한 송가를 쓰거나, 수많은 메모를 하거나, 처음에 그렸던 형상의 흐릿한 윤곽선을 여기저기서 추적이나 하면서도, 이듬해 봄이나 가을이면 작품이 어떻게든 기적적으로 완성될 거라고 자신했다.

어쨌든 그 겨울 영국에서 한 작업으로 말하자면, 나는 어떤 계획표도 없이 그저 내가 방금 말한 식으로 해나갔다. 나중에 책의 일부가 되리라 믿으며 이 대목, 저 대목을 써대는 방식 말

---

*   《시간과 강에 대하여》를 말함.

이다. 그러는 내내, 비록 의식하지는 못했지만, 글을 쓰는 내 머릿속에서는 줄곧 어떤 작업이 벌어지고 있었으니, 내가 매달려온 작업은, 지난여름 파리에서 나의 미국을 발견한 이래로 줄곧 해왔던 그 작업은, 실은, 한 인간이자 작가로서 내가 지닌 원천적 자료 전체에 대한 줄기차고 광적인 탐색이었다. 나는 엄청나게 끈질기고 세밀한 독일 학자들의 연구가 무색할 만큼 그 탐색에 철두철미하게 빠져서 지냈다. 이 치열한 탐색은 줄잡아 2년 반쯤 이어졌고, 그때만큼 광적으로 열중한 상태는 아닐지라도 지금도 계속되고 있다. 그러한 탐색이 이끌어낸 작업, 끝없이 고된 노동과 소모와 노력 끝에 내가 탐색의 놀라운 힘을 빌려 정의하고 윤곽을 그릴 수 있었던 그 작업이, 최종적인 정의와 완성의 단계에 도달했기에, 탐색을 마무리하는 즉각적인 작업이 지금은 내 삶의 에너지와 관심을 점거하고 있기 때문이다.

그런 격렬하고 진 빠지는 탐색으로 말미암아 내 차기작의 출간은 적어도 두 해, 아마도 세 해쯤은 늦어졌을 것이다. 나는 헤아릴 수 없이 긴 시간을 그런 탐색에 낭비했다. 쓸모없는 수백, 수천 단어를 써 내려갔다. 헤아릴 수 없이 많은 막다른 골목에 발을 들여놓았다가 좌절했다. 이 모든 탐색의 고통이 내 앞에 끊임없이 펼쳐주는 멋지고 매력적인 풍경에 유혹되었지만 그러한 풍경들은 나를 당면한 글쓰기, 내가 해내야만 하는 과제에서 줄곧 격리시켰다. 그럼에도 불구하고 아무리 낭비적이고 혼돈과 오류로 가득하고 착각이었다 해도, 그것은 분명 내가 작가로서 한 가장 소중한 경험이었다.

실은 내가 굳은 의지를 가지고 탐색을 계속했다기보다는 그 작업이 나를 붙들고 끝장을 볼 때까지 놔주지 않았다고 보는 게 맞다. 어떤 면에서는, 그렇게 살아가던 시기에 나는, 자신은 지독한 고통으로 온몸이 뒤틀렸으며 이야기를 시작해야 그 고통에서 벗어날 수 있다고 '결혼식 하객'에게 말하던 '늙은 뱃사람'*이 된 듯한 느낌이었다. 나로 말하자면, 내 하객들은 내가 글을 적어 내려가던 커다란 장부책들이었고 내가 그들에게 들려준 이야기는 누군가 읽었다 해도 맥락이 완전히 뒤죽박죽이고 중국 문자만큼이나 무의미하지 않았을까 싶다. 그렇다면 이러한 탐색 행위, 파리에서 그 여름에 시작되어 지금도 날마다 나의 실제 글쓰기 작업과 병행하여 계속되고 있다고 말한 이 탐색의 실제 내용은 무엇일까? 내 경험의 물리적 한계를 규정하겠다는 맹렬한 몸부림으로 채워나간 엄청난 분량의 장부책에는

---

* 새뮤얼 콜리지(Samuel Coleridge, 1772-1834)의 장편 서사시 〈늙은 뱃사람의 노래 The Rime of the Ancient Mariner〉에서 인용한 말. 시의 화자인 늙은 뱃사람은 바다에서 풍랑을 만나 갖은 고난을 겪은 끝에 고향으로 돌아와, 어떤 결혼식에 초대된 손님들을 붙들고 자신의 경험담을 들려준다.

어떤 내용이 담겨 있을까?

　대략적인 정황이라도 전달되길 바라면서 그 내용 일부를 이야기해 보겠다. 세 해 동안의 작업, 아마도 100만 5천 개쯤 되는 단어가 거기 담겼으니, 내 설명으로 전체를 포괄적으로 이해하기는 어려울 것이다. 거기에는 내가 가본 적 있는 마을, 도시, 군, 주, 나라에 대한 방대하고 엄청난 목록에서부터 미국 철도 주간 객차의 하부 구조물, 스프링, 바퀴, 플랜지flange(바퀴의 테두리), 액슬로드axelrod(차축 연접봉), 색, 무게, 질에 대한 시시콜콜 빈틈없고 눈앞에 보이는 듯 절절한 묘사까지, 없는 게 없다. 그 커다란 장부책 중 아무것이나 펼치면 누구나 다음과 같은 주제들을 향해 쏟아낸 글 토막을 모두 찾아볼 수 있다. 인구가 2만 5천 명 이상인 마을을 나는 몇 개나 알고 있는가? 그 마을들 중 내가 그곳에 대해 뭔가 쓸 수 있을 만큼 특별히 잘 아는 곳은 몇 군데이며, 나는 그중 몇 군데에서 그곳과 중요한 창의적 접촉을 했다고 여길 만한 관찰이나 느낌이나 직접적인 부대낌의 경험을 했다고 할 수 있을까? 장부책에는 또한 인구 2만 5천 명 이하 마을들, 그리고 인구 3천 명 이하 마을들의 목록도 나올 것이다. 또 내가 얼마간 살아봐서 실용적 지식을 얻은 미국의 군과 주 목록, 그런 게 전혀 없는 군과 주 목록도 나올 것이다. 내가 비슷하게 접해 본 유럽 도시와 마을과 군의 비슷한 목록도, 전혀 접해 보지 못한 그런 곳들의 목록도 있을 것이다. 방과 집과 호텔 객실, 하숙방, 개인 주택의 방, 멀리 떨어진 농가 주택의 방, 내가 살았거나 적어도 하룻밤 묵어본 도시 아파트의 방 목록도 있을 테고, 나는 거기에 내가 할 수 있는 한 가장 정밀하게 눈앞에 떠올리듯이 그 방들을 묘사해 놓았다. 방의 크기, 모양새, 빛깔, 벽지 무늬, 수건이 걸린 모양새, 의자가 삐걱대는 방식, 천장에 번져 있는 한 줄기 녹물 자국까지. 거기에는 헤아릴 수 없이 많은 도표, 목록, 서술이 담겨 있어서, 나는 지금 '양量'과 '수數'라는 일반적인 표제 아래 그것들을 분류할 수밖에 없다. 유럽과 아메리카 대륙 모든 나라의 인구 총계는 얼마일까? 그중 내가 개인적으로 생생하게 경험해 본 나라는 몇이나 될까? 한 나라에 대해 한 사람이 최대한 지닐 수 있는 지식은 얼마만큼일까? 스물아홉 해 또는 서른 해를 살고, 보고, 느끼고, 경험하는 동안 나는 얼마나 많은 사람을 접했을까? 얼마나 많은 사람과 거리에서 스쳐 지났을까? 얼마나 많은 사람을 응시했을까? 기차나 지하철, 극장, 야구장이나 축구장에서 마주친 사람들은 또 얼마나 많을까? 뉴욕에서 살았던 네댓 해 동안 그런 식으로 내가 만나거나 스치거나 아는 사람은 700만에서 800만 명쯤 되는 그 도시 전체 인구 중에 얼마나 될까? 실제로 이름을 아는 사람은 얼마나 될까? 그들 중 내게 깨우침을 주는 결정적 경험을 안겨준 사람은 몇 명일까? 기쁨, 고통, 분노, 연민, 사랑, 숭배, 존경 또는 단지 잠시 스쳐 간 가벼운 우정 중 그 어떤 경험이든 간에.

내가 잘 아는 도시, 사람, 마을, 주, 군의 방대한 도표와 목록과 그때그때 묘사해 놓은 문장들뿐만 아니라, 이를테면 "지금 어디?" 같은 아리송한 항목명 아래 써 내려간 글 토막도 보게 될 것이다. 거기에는 우리가 살면서 어느 한순간 마주치는, 마주친 그 순간에 이미 돌이킬 수 없을 만큼 속절없이 사라져버리는, 마주친 순간에도 하찮고 허망하고 전혀 중요해 보이지 않는, 그러나 우리의 머리와 가슴에는 영원히 남아 있는, 우리가 영영 잊지 못하는, 그것들이 실제로 전혀 중요해 보이지도 의미 있어 보이지도 않아서 우리가 그 중요성과 의미를 가늠해 보려는 시도도 할 수 없지만, 비극적으로 짤막한 인간 생애의 기쁨과 슬픔을 가득 담고 있는, 그렇기에 한눈에 그 중요성을 알아볼 수 있는 수만 가지 것들보다 실은 더 중요한, 헤아릴 수 없이 많은 것들에 대한 짧고 섬광 같은 기록이 이어질 것이다. "지금 어디?" 오래전 여름날 남부 작은 마을 녹음 우거진 밤거리를 따라 다가왔다가 멀어져 가던 조용한 발자국들. 여자의 목소리, 갑작스레 터트린 낮고 부드러운 웃음. 이윽고 멀어지는 목소리와 발자국, 침묵, 무성한 나뭇잎의 바스락거림. 밤을 가로지르며 멀어져 가는 자동차. 쾅 하고 닫히는 철망창, 다시 찾아온 고요함과 어둠?

"지금 어디?" 대륙의 드넓은 몸체 위 어느 작은 마을의 작은 역에서 언제인지 알려지지 않은 순간에 마주쳐 멎은 두 대의 기차. 맞은편 기차 유리창 안에서 바라보며 미소 짓던 소녀. 자동차를 타고 노퍽 거리를 지나가던 또 다른 소녀. 20여 년 전 남부 작은 하숙집에 머물던 겨울 하숙생들. 숙달된 간호사 플로리 맹글 양, 스미스 씨 잡화점의 계산대 점원 제시 플레너 양. 천리안 리처즈 박사. 채찍질을 하며 사자 입에 자기 머리를 던져 넣던 '조니 존스 카니발과 쇼'의 여자 단원. 식인 상어들과 맨손 격투를 벌인 굉장한 무용담을 들려주던, 아버지 고용인으로 일하던 온순한 술고래 석수장이.

"지금 어디?" 이것은 인간의 실제 기억력의 한계를 뛰어넘었다. 의식적인 기억 행위가 시작되기 이전, 어린 시절의 가장 깊숙한 지성소至聖所*로 거슬러 올라갔다. 어느 날 쏟아지는 햇빛 아래 옆집 피그램 씨의 암소가 담장 밑의 억센 풀을 잡아 뜯는 소리를 분명히 들었다고, 또는 한낮에 자기 아버지의 집 위쪽 언덕길에 전차가 와서 멎는 소리를 분명히 들었다고 믿는 식으로. 점심을 먹으러 집으로 돌아오는 어니스트 피그램 씨, 낮 인사를 하는 그의 목소리에 실린 쾌활함. 전차가 떠나고 전차가 섰던 공

---

*   고대 신전의 가장 안쪽, 지극히 거룩한 처소.

간을 채우는 돌연하고 한적한 금초록색 고요. 철문이 쾅 닫히고 그 헛된 하루는 빛을 잃어가고. 그가 소환할 수 있는 기억은 여기까지이고 그가 기억해 낸 것이 사실인지 꾸며낸 이야기인지 그 두 가지의 혼합인지 알지 못한다. 커다란 장부책들에 나는 이처럼 그때그때 생각이 머문 지점에 대해 썼다. 인간의 정돈된 기억에 따른 구체적이고 물질적인 사실뿐만 아니라 기억하고 있었다고는 도저히 말할 수 없을 온갖 것에 대하여. 뜻밖의 순간에 제멋대로 되살아날, 인간의 마음에 명멸하는 순간의 움직임과 떠도는 빛, 언젠가 들어본 목소리, 언젠가 보았던 눈, 웃음 짓던 입, 사라져버린 얼굴, 해가 떴다가 지는 방식, 가지에 달린 나뭇잎의 바스락거림, 돌, 잎새, 문에 대하여.

내가 이제까지 펴낸 작품을 읽은 평론가들은 다음과 같은 견해로 내게 반기를 들었고, 앞으로도 그럴 것이다. 내가 방금 애써 설명한 바와 같은 조사나 탐구에는 과도한 측면이, 무작정 쓸어 담겠다는 경향이, 인간의 온갖 경험을 통째로 집어삼키겠다는, 개인의 한평생이 허락하는 것 또는 한 예술 작품이 담아낼 수 있는 한도보다 더 포괄하고 더 그러모으겠다는, 거의 비정상적인 굶주림이 도사리고 있다고. 나는 그러한 비평이 타당하다고 기꺼이 인정한다. 내가 여기서 내비친 굶주림이 비정상적 수준이라는 점도 인정한다. 더 나아가, 양과 수라는 요소에 대한 지나친 집착, 집단적인 것을 향한 고통스러울 정도의 반감, 개인과 다수 사이의 갈등, 방대하고 득시글득시글한 인간 삶의 그물망 위에서의 허우적거림, 인간 경험의 갖가지 복잡한 양상들 사이의 몸부림 같은 것이 스무 살 이래로 나를 괴롭혀 왔고, 세상의 모든 책을 읽어치우고 세상의 모든 인간 군상을 알아내고 세상의 모든 나라를 내 눈으로 확인해야 한다는, 그러니까 한마디로 온 세상을 먹어버리는 동시에 가지고 있겠다는, 구제 불능의 비이성적 질주로 나를 몰아세웠다. 그러한 탐욕의 치명적 위험성이 무엇인지, 그것이 한 인간의 삶과 작품을 어떻게 망쳐놓는지, 누구나 알듯이 나도 안다. 그러나 그것들을 내 안에 품은 이상, 내 이성이 아무리 강력하게, 분명하게 이를 제어하려고 해도 그런 욕망들을 억누르기가 나로서는 불가능했다. 그 욕망들 앞에서 내가 할 수 있는 유일한 행위는 이성이 아닌 열성으로 응하는 것이었다.

내 안에는 그런 욕망이 있었다. 그것은 내 삶의 일부였다. 다년간 그게 내 삶이었다. 내가 그 욕망에서 탈출하는 유일한 방법은 욕망으로 살아내는 것이었고, 나는 그렇게 했다. 아직 대단히 성공적이지는 않았지만 감히 그럴 마음을 먹었던 시점에 생각했던 것보다는 더 잘 해냈다. 그리고 이제 예술가에게는 무제한의 경험 폭보다 경험의 깊이와 강도가 더 중요하다는 사실을 나는 진심으로 믿고, 안다. 나는 또한 삶을 통해 이제 안다. 그리고 진지하게 말하건대 예술가는 무엇이든 삶을 통해 깨우칠 수밖에 없다. 머리로 아는 것도 좋지만 오로지 머리로 아는 것들만 가지고는 살아낼 수도 창조할 수도 없다. 나는 지난날 오로지 머리로만 이해했던 것들을 이제 삶을 통해 알게 되었고, 도시 거리에서 700만 명을 바라보고 지나치고 그들과 이야기 나눈 것보다 뉴욕에서 100명의 남녀와 생생하게 만나 그들의 삶을 이해하고 그들 삶과 성품의 근본과 조금이라도 접촉해 보는 것이 훨씬 더 중요하다는 사실을 안다.

내 여러 해의 삶을 바쳤으며, 그것을 글로 바꾸고자 몸부림쳤던 조사와 탐구에 관하여 내가 정말로 말하고 싶은 바는 다음과 같다. 그런 일이 남들 눈에는 아무리 바보스럽고 헛되어 보이더라도, 내가 언급했던 방대한 도표와 목록이 남들 눈에 아무리 지나치고 기괴하고 무절제하고 심지어 쓸모없어 보일지라도, 그 경험 전체의 질과 목적과 효과는 쓸모없지도 기괴하지도 지나치지도 않다는 것이다. 적어도 내 생각에는, 작가로서 내가 들려줄 수 있는 뭔가 구체적으로 가치 있는 현실적인 이야기가 있다면, 바로 이것이다. 내게 이야기를 청한 주최 측은 '책을 출간하기까지'를 이야기의 주제로 삼으면 어떻겠냐고 했다. 나는 그 주제가 내게 썩 어울린다고 답하면서, 그런데 모호한 소리나 겉

치레를 늘어놓는 대신에 한 작품을 출간하기까지 실제로 겪어내야 하는 온갖 일, 즉 저질렀던 여러 실수와 실패와 성공에 대해 들려주는 게, 실험과 조사와 시행착오, 실패와 성취로 점철된 갖은 우여곡절에 대해 최선을 다해 기억이 닿는 한 털어놓는 게 훨씬 낫지 않겠냐고 물었다. 나는 바로 그런 이야기를 들려드리려고 노력하는 중이다.

내가 앞서 이야기한 그 조사와 탐구의 긴 여정으로 말하자면, 비록 내가 그 과정 전체를 온전히 옹호하지는 않는다 해도, 비록 처음엔 내가 그 과정을 좌지우지하는 게 아니라 그 과정이 나를 좌지우지했음을 대놓고 인정한다 해도, 비록 그 누구도 상당 부분 무절제하고 터무니없는 폭주로 규정될 내 조사 방식의 전철을 밟지 않기를 진심으로 열렬하게 바랄지라도, 그 경험은 내가 작가로서 그때까지 겪었던 모든 것을 통틀어 그것 그대로 송두리째 최고로 값지고 유용했다고 생각한다. 내가 빠져서 허우적대야 했던 그 모든 낭비와 오류와 혼동, 헤아릴 수 없이 자주 맞닥뜨린 막다른 골목에도 불구하고, 나는 그 덕분에 내 손에 쥔 자료의 구체적인 의미를 더 명확히 할 수 있었고, 그 무렵의 내가 가진 능력과 재능이 어느 정도인지 제대로 가늠할 수 있었고, 무엇보다도 내가 찾고 있는 표현법, 작가로서 내 삶이 진보하고 자라나고 있다면 내가 갖춰야만 할 나만의 언어에 대한 어렴풋하고 초보적일망정 살아 있는 이해에 이를 수 있었다. 이는 그때까지 내가 했던 어떤 경험에서도 얻지 못한 것들이었다.

나는 아직 문이 열리지 않았음을 안다. 내가 찾는 언어가, 화법이, 문체가 아직 찾아지지 않았다는 것도. 그러나 길을 찾았고 통로를 뚫었고 첫발을 내디뎠다고 간절히 믿는다. 일회적인 자기 삶의 동력과 내용물에서 생생한 어떤 것을 끌어올리리라는 소망을 품어본 적 있는 사람이라면 누구나 혼자 힘으로 또 자기만의 방식으로 그 길을, 화법을, 언어를, 표현을, 문을 찾아내야 한다고 믿는다. 내가 그랬듯이 혼자 힘으로 찾아내야 한다고.

그리고 내가 연구와 탐색의 경험이라고 일컬어온 이 경험에 대해 마지막으로 덧붙이자면, 내가 떠안아야 했던 그 모든 낭비와 오류에도 불구하고, 내가 쏟아부은 노력이 아무리 쓸모없고 소모적이기만 했다 해도, 나는 믿는다. 그 길을 선택하여 경험하고, 한 인간이자 작가로서 자신의 자원과 한계와 역량을 탐색하는 쪽이 유명인의 글쓰기 교실에서 희곡이나 소설 쓰기를 배우거나, 글쓰기 관련 책 혹은 다른 작가들의 책을 뒤적이며 스스로 깨우쳐야 할 문장, 형식, 양식, 구성 따위에 대해 한 수 배우려 드는 것보다 작가에게 훨씬 이롭다고. 자신만의 글쓰기 수련 방식에 대한 로버트 루이스 스티븐슨Robert Louis Stevenson*의 유명한 설명을 모르는 이는 없을 것이다. 그의 방식은 '여러 작가의 작품을 꼼꼼히 모방하기'였다. 그들의 문체, 방식, 기법을 자유자재로 모방할 수 있을 만큼 흠뻑 흡수한 끝에 그는 이것이야말로 남들이 뭐라고 반박하든지 간에, 글쓰기를 배우는 길, 불가피한 길, 유일한 길이라고 결론 내렸다. 글쎄, 내 생각은 다르다. 그가 아무리 천부적이고 매력적이고 재능 있는 이야기꾼이어도 그가 틀렸다. 그의 발언에는 기본적 오류가 있으니, 자기 고유의 작업이 전무하다는 점이다. 물론 견해 차이이고 논쟁의 여지가 있지만 나는 그렇게 생각한다.

아무튼 내 작업의 시작은 이다지도 길고 혼란스럽고 괴로웠다. 1931년 봄에 나는 미국으로 돌아왔고, 한 해 동안 나라 밖에서 한 생활의 중요한 수확을 꼽으라면 이런 것들이 아닐까 싶다. 작품의 틀을 잡는 데 필요한 계획이나 설계도는 아닐지라도 일종의 조사 방법론이랄까, 나로 하여금 내 글감의 규모와 내재 가치를 가늠케 해준 어떤 깨달음을 얻었다. 비록 그 깨달음을 질서 정연한 통일성을 지닌 한 작품으로 구체화하는 데까지는 가닿지 못했지만 말이다. 나아가, 나는 비로소 내 이야기 꾸러미에서 몇몇 실제 사건과 대목을 따로 구분해서 정의해 나가기 시작했

---

* 1850-1894. 《보물섬》, 《지킬 박사와 하이드》 같은 작품으로 유명한 스코틀랜드의 소설가이자 수필가이자 여행 작가.

으며 그 일부는 실제로 썼다. 마침내 나는 내가 앞서 이야기한 잠과 죽음, '10월'과 '강'에 관한 서정적이고 시적인 섹션들을 포함해 30만에서 40만 단어 길이의 글을 가지고 귀국했다. 내러티브나 기둥 줄거리보다는 작품의 분위기나 결을 잡았으며, 내가 앞서 이야기한 연구의 연장선에 있는 광범위하고 방대한 토막글들을 써낸 것도 해외 체류의 수확이라면 수확이었다.

그러나 이미 30만에서 40만 단어 길이의 토막글을 지녔어도, 당장 소설로 낼 수 있는 글은 전혀 없었다. 내 첫 작품이 출간된 지 1년 반이 지났고 내 친구들, 아는 사람들, 내 첫 책을 읽은 사람들 그리고 몇몇 평론가들은 질문을 해대기 시작했다. 순전히 선의에서 나온, 분명 악의 없는, 너무나도 자연스러운, 그러나 해가 갈수록 그 어떤 못되고 고의적인 조롱이나 모욕보다도 지긋지긋하고 견딜 수 없는 소리로 내 귀에 꽂히는 "다음 작품은 아직 안 나왔나요?" "다음 작품은 언제 출판되나요?"라는 질문을.

1931년에 유럽에서 돌아왔을 때, 나는 내가 부딪친 난관의 정체가 무엇인지 깨달았고, 아직 작품을 출판할 준비가 전혀 되어 있지 않다고 느끼면서도, 여전히 희망과 자신감으로 가득 찬 상태였고 몇 달만 꾸준하게 열심히 작업하면 탈고할 수 있으리라 확신했다. 나는 지체 없이 자리를 잡고 글쓰기에 들어갔다.

경제적 여유도 없었거니와, 일에 박차를 가하려면 외진 곳에서 따로 떨어져 지내야 할 것만 같아, 사우스브루클린의 아시리안 구역 뒷골목 작은 벽돌집 지하에 작업실을 얻었다.

  봄이 가고 여름이 왔다. 다시 여름이 가고 가을이 왔다. 나는 날이면 날마다 열심히 꾸준하게 썼지만 하나의 작품이라 할 통일성과 만듦새를 지닌 그 어떤 것도 빚어내지 못했다. 10월은 첫 책 출간 이후 만 2년이 되는 달이었다. 나는 그달을 맞고 보내면서 처음으로 새 책 작업에 대해 돌이킬 수 없는 자포자기 상태에 빠졌다. 압박감, 회의, 무방비의 절망감을 느끼기 시작했다. 이 모두가 갈수록 자주 밀어닥칠, 향후 3년 동안은 마침내 나를 돌아버릴 정도로 괴롭힐 감정이었다. 그러나 같은 기간 동안 내 프로젝트의 실현을 향한 또 다른 긴 여정의 큰 첫걸음도 내딛고 있었다. 그해의 봄, 여름, 가을을 지나며 내 계획의 실제 범위와 크기의 분명하고 논리적인 개념이 잡히기 시작했다. 나의 프로젝트는 내가 생각했던 것보다 훨씬 방대하다는 사실을 처음으로 깨닫기 시작했다. 유럽에서 돌아왔던 당시 나는 단일 작품을 집필하는 중이고 그 작품의 제목은 '10월의 축제October Fair'이며 책은 대략 20만 단어 길이가 될 거라고 여전히 믿고 있었고, 그렇게 될 거라고 스스로 다짐하고 있었다. 그러나 한 장면에서 다음 장면으로, 한 인물에서 다른 인물로 글이 풀려나감에 따라, 글감들에 대한 나의 연구과 이해가 더 뚜렷하고 포괄적이 되어감에 따라, 나는 애초에 이 정도면 충분할 거라고 믿었던 규격에 맞춘 책을 쓰는 것이 불가능하다는 사실을 깨달았다.

그동안 나는 줄곧 작품에 나오는 어떤 시간 요소가 해결되지 않아서 고전하고 있었다. 글 재료에 내재한 불가피한 시간 요소를 해결할 구조적 연결 고리를 필사적으로, 어쩌면 헛되이 찾고 있었다. 글 재료는 세 종류의 시간 요소를 품고 있었다. 그 첫째이자 가장 두드러진 시간 요소는 현재의 시간으로, 이야기를 이끌어가면서, 인물과 사건이 현재를 중심으로 가까운 장래를 향해 나아간다는 점을 알려주는 요소다. 둘째 시간 요소는 과거로, 동일한 인물들을, 움직이는 동시에 그들을 둘러싼 삶의 사건과 갈등뿐만 아니라 인간의 축적된 기억과 경험의 영향에 의해 움직이는 존재들로 표현하여, 그들의 매 순간의 삶이, 당시 보고 느끼고 행동하고 경험한 것만이 아니라 그때까지 보고 느끼고 행동하고 경험했던 모든 것의 지배를 받게 했다. 이 두 가지 시간 요소에 더해, 과거와 현재만이 아니라 불변의 시간, 고정된, 바뀌지 않는, 과거의 지배도 현재의 지배도 받지 않는, 예를 들자면 강물, 산, 바다, 지구의 시간 같은 것으로 상정한 셋째 시간 요소가 있다. 이 무궁한 시간, 영원하고 변함없는 우주의 시간에 찰나 같은 인간의 삶, 그 쓰라린 덧없음이 대비된다. 바로 이 문제, 세 가지 시간 요소라는 엄청나고 도저히 풀리지 않는 난제가 나를 거의 무너뜨렸고 나는 그 뒤 수년 동안 헤아릴 수 없는 시간을 고통과 좌절감에 몸부림쳐야 했다.

내가 자초한 작업의 성격이 어떠한지 깨닫기 시작하자, 앞서도 여러 차례 언급했던 강의 이미지가 자꾸만 머리에 떠올랐다. 내 안의 거대한 강이 흐름이 막힌 채 출렁대며 수로를 찾고 있다고 정말로 느꼈다. 나는 그 강물이 힘차게 흘러갈 수 있도록 물꼬를 터주어야만 했다. 앞으로 2년 동안 그 강물의 수로를 찾기 위해 꾸준히, 필사적으로, 끊임없이 애쓰는 것이 내 과제라는 생각이 들었다. 수로를 찾지 못하면 나의 내면에서 홍수가 날 것 같았고, 그 홍수로 나 자신이 떠내려갈 것만 같았다. 세상의 모든 작가가 분명 나와 같은 경험을 했을 것이다.

그런데 찾아야만 할 분출구, 수로를 찾는 동안에도 이미 정해 놓은 불가능한 구상이 줄곧 나를 괴롭혔다. 나는 그때 이 모든 거대한 계획을 '10월의 축제'라는 제목의 단일 작품 안에 실현해야만 한다고 확신하고 있었다. 한 작품 규격에 반드시 맞출 거라고, 모든 단어, 어구, 문장을 통해, 책장 한 장 한 장을 통해, 이 방대한 시간 체계가, 내가 하고 싶은 모든 이야기가 빠짐없이 포함된, 현재와 과거와 영원이라는 세 겹의 연결망을 지닌 복잡다단한 짜임새를 구현하리라 확신했다. 그리고 이러한 오판의 진짜 이유, 내가 강물의 수로를 찾으려 애썼던 향후 1, 2년 동안 내 고투에 뒤따랐던 실패와 혼란의 진짜 이유는 단순히 이거였다. 내가 아직 내 재료의 규모를, 내가 스스로 붙든 일의 본질을 제대로 이해하지 못했다는 것. 그랬기 때문에 한 권 분량의 제약 안에 내 구상을 다 부려놓기가 불가능하다는 점을 미처 몰랐다는 것. 내 계획은 좋았다. 실제로 큰 틀에서는 거의 변한 게 없었다. 잘못은 내가 계획을 이해했을지언정 그 실제 규모가 어떠할지를 이해하지 못했다는 점이다. 나는 그 진정한 윤곽을 가늠하지 못했다. 그런 탓에, 씹어 먹을 수 있는 것보다 더 많이 베어 물었던 것이다.

나는 내 모든 글감을, 그리고 중요한 세 겹의 시간 요소로 이루어진 빽빽한 그물망을 단 한 권 분량에 소화해야 하는 가망 없는 난제를 껴안고 내내 허우적거렸다. 그렇게 1년이 넘는 시간을 보낸 후에야 마침내 내 과제가 거의 150년에 걸친 역사를 다루는 것이고, 2만 명이 넘는 등장인물, 궁극적으로는 미국에 살고 있는 거의 모든 인종과 사회 계급을 다루어야 하며, 20만 단어 분량의 육중한 책을 상상한다 해도 내 의도를 충족시키기에는 턱없이 부족하다는 사실을 깨달았다.

나는 어떻게 그런 결론에 도달했던 걸까? 나 자신을 책 속에 갈아 넣었다고 말해도 지나치지 않다고 생각한다. 땀과 노동을 바침으로써, 비로소 나는 내 작업의 성격과 규모를 이해할 수 있었다. 1931년 봄 유럽에서 돌아온 뒤 그 결론에 이르기까지 한 해를 바친 셈이었고, 그제야, 첫 책을 출간한 뒤 거의 세 해가 흐른 뒤에야 비로소 실마리를 잡은 것이다. 이제 명확하고 확고하고 일관된 개념이 섰으므로, 본격적으로 연작 소설을 구축해 나갈 수 있게 되었고, 내 글감들의 권 단위 논리적 분할, 골격 잡기와 배열이 머릿속에 들어왔다. 그해 내내 나는 처음으로 가차 없는 시간의 압박과 위협을, 끝장을 보고 싶은 갈급함, 완성을 향한 욕망을 온몸으로 느끼며 맹렬하게, 거의 미친 듯이 썼다. 그 한 해 동안 작품 전체의 내러티브, 사건, 인물의 윤곽이 잡히기 시작했다. 나는 정신 나간 사람처럼 써댔다. 장면에서 장면으로, 장에서 장으로 글은 줄기차게 이어졌다. 인물들이 살아 움직이며 성장하고 가지를 치기 시작하더니 급기야 수백 명으로 늘어났지만, 이제 절실하게 깨달았다시피 나의 계획은 너무나도 방대하므로, 나는 그 숱한 장과 장면과 사건을 어둡고 쓸쓸한 시골 들판을 빠르게 가로지르며 달리는 야간열차의 창밖으로 스쳐 지나가는 불빛과 같다고 여기면 되었다.

나는 내 정신이 피로로 혼미해지고 내 창작 에너지가 바닥을 드러낼 때까지 줄곧 맹렬하게 일하곤 했다. 그런 강행군 끝에 또 한 번 일단락을 지어 20만 단어 분량을, 그 자체만으로도 두꺼운 책 한 권이 될 만한 분량을 써낸 다음에도, 내가 완성한 것이 고작 단일 작품의 작은 한 부분에 지나지 않는다는 사실을 끔찍한 절망감 속에서 깨닫곤 했다.

그렇게 지내다 보니 작가가 살아남으려면 겪고 극복해야 할 적나라한 욕구와 절대적인 고립감이라는 난제에 빠졌다. 그전까지 나는 사람이 실제로 책을 쓰는 대신에 앞으로 쓸 책을 몽상할 때 얻어지는, 성공이라는 즐거운 착각으로 버텨왔었다. 그러다 막상 책을 쓰려니, 이미 돌이킬 수 없이 내 인생과 전 인격을 이 격전에 걸었으므로 승리하지 않으면 파멸하는 수밖에 없다는 자각이 갑자기 밀려왔다. 내 작업은 오로지 내 몫이었고, 앞으로도 그럴 수밖에 없으며 누군가 나를 돕고 싶은 사람이 있다 해도 이 작업을 도울 수는 없었다. 처음으로 또 하나의, 작가라면 알아야만 할 명백한 진실과 마주했으니, 인간의 집필 행위는 삶의 씨앗뿐만 아니라 죽음의 씨앗도 품고 있으며, 우리를 지탱해 주는 창조력은 성과 없이 곪아 터질 때 나병처럼 우리를 파괴할 수도 있다는 점이었다. 나는 어떻게든 그것을 밖으로 분출해야만 했다. 여기에 생각이 이르자 내가 그것을 다 분출할 만큼 충분히 오래 살 수 있을까, 내가 벌인 작업이 너무나 방대하고 난감해서 생을 열두 번 거듭한들 어차피 다 해낼 수 없는 것 아닐까 하는 괴로운 의심이 처음으로 고개를 들기 시작했다.

그러나 그때 나는 더없이 귀중한 한 조각 행운에 기대고 있었다. 나는 엄청나고 끈질긴 지혜와 온화하지만 고집스러운 꿋꿋함을 간직한 한 남자를 벗 삼고 있었다. 어마어마한 산고로 절망감에 빠져들면서도 내가 망가지지 않은 것은 전적으로 이 남자의 용기와 인내심 덕분이었다. 그가 내가 포기하도록 방관할 사람이 아니었기에 나는 포기하지 않았다. 그가 그 특별한 상황에서 전쟁터의 노련한 참관인이라는 자신의 위치를 잘 활용하기도 했다. 나는 그 전쟁에 직접 뛰어들어 흙먼지와 진땀을 뒤집어썼고, 격전으로 진이 빠졌으며, 정작 내가 치르고 있는 격전의 본질과 진척에 대해서는 나의 벗만큼 분명히 이해하지 못했다. 그가 할 수 있는 것은 오로지 지켜보는 것, 내가 일을 손에서 놓지 않도록 이런저런 방법으로 구슬리는 것밖에 없었는데, 그는 그 역할을 수많은 조용하고 놀라운 방법으로 성공적으로 수행했다.

그러니 나는 해낼 수밖에 없는 자리에 있었다. 최고로 위대한 편집자라도 작가가 상상의 구체적이고 완벽한 결과물을 영혼의 비밀스러운 심연에서 일상의 밝은 빛 아래로 건져 올리기 이전에는 해줄 수 있는 일이 아무것도 없다. 나의 벗이자 편집자인 그는 그 산고의 시간 동안 자신이 맡아야 할 역할을 물속으로 뛰어드는 고래의 지느러미를 붙잡으려고 애쓰는 것에 비유했는데, 그는 마침내 그것을 붙잡았고 그의 그 집요함 덕택에 나는 마침내 책을 출간할 수 있었다.

책이 나오기까지 그는 그밖에도 다방면에서 내 영혼에 헤아릴 수 없이 많은 양분을 제공해 주었다. 첫 책을 내고 나서 글을 한 편도 발표하지 못한 채로 거의 세 해를 흘려보낸 터였다. 수군대는 소리, 소문, 뒷말이 갈수록 무성해졌고, 의지가 굳고 해낼 거라는 확신에 찬 인간이라면 이를 하찮은 잡음으로 치부했을지 모르지만 목숨을 건 격전 중인, 출구를 찾아 처절한 암중모색 중인 나 같은 사람은 미치도록 화가 치밀었다. 사람들은 한층 더 줄기차게 다음 작품이 언제 나올 예정인지 물어댔는데, 나는 종종 그 질문에서 못미더워하는 마음을, 그들의 시선에서 의심스러워하는 마음을 간파했다. 다음 작품은 어떻게 되었느냐고, 무슨 문제가 생겨서 차기작을 못 내놓는 것은 아니냐고 캐묻는 독자의 편지도 종종 날아들었다. 심지어 써먹을 것을 첫 작품에 다 써버린 것 아니냐, 할 이야기를 벌써 다 해버린 것 아니냐고 묻는 독자도 있었다. 내 첫 작품에 대해 호평을 하면서도 완곡하게 의심 섞인 토를 달았던 평론가도 있었다. 어떤 작가의 첫 작품에, 특히나 나의 첫 작품처럼 자전적 요소가 강하다고 여겨지는 첫 작품에 따라붙곤 하는 그 의심이란, 이 작가가 다른 것을 내놓을 수 있을지, 아니면 첫 도전이 마지막 도전이 될지 궁금하다는 것이다.

어느 날 조간신문을 펼쳐 유명한 평론가가 날마다 쓰는 칼럼을 읽었다. 시작은 좋았으나 평론가들이 말하는 소위 글 쓸 의지를 완전히 잃은 것처럼 보이는 새내기 작가들에 대해 쓴 글이었는데, 내 생각에 내가 잃어버린 것은 글 쓸 의지가 아니라 글쓰기를 그만둘 의지였기에 나는 격분했고 어이가 없었다. 이 상황에서 내가 무엇을 할 수 있으며 무슨 이야기를 하랴. 나 자신을 증명해 보이거나 그런 혐의에 항변할 아무런 방법이 없었고, 그런 글을 읽는 일만으로도 쓰린 상처에 독을 퍼붓는 것만 같았다.

그러나 그 암울했던 해의 가을과 겨울에 내 창작열은 전례 없이 최고로 달아올랐다. 해가 바뀌자마자, 나중에 〈배스컴 호크의 초상The Portrait of Bascom Hawke〉이라는 단독 작품으로 출간될 긴 대목을 완성했고, 초봄에는 한 여인이 자신의 삶을 일인칭 시점으로 술회하는 이야기인 또 다른 한 대목을 완성했다. 탈고 전부터 이미 내 작품의 구성과 흐름에서 동떨어져 있다고 느꼈지만 일단 완성한, 각각 3만 단어 길이의 이 두 대목 〈베스컴 호크의 초상〉과 〈지상의 거미줄The Web of Earth〉은 1932년 봄, 〈스크리브너스 매거진〉 두 호에 따로따로 단편소설로 실렸다. 이 두 작품을 발표하면서 내 자신감은 놀랍도록 크게 회복되었고, 이 모두가 내가 앞서 언급한 위대한 편집자의 지혜와 현명함, 직관력에 전적으로 힘입은 결과였다.

내가 그에게 입은 은혜로 말하자면 그게 다가 아니다. 나는 몰랐는데 〈스크리브너스 매거진〉은 최고의 단편소설 심사를 주관하고 있었다. 〈배스컴 호크의 초상〉은 그 심사 대상 작품에 오르더니 운 좋게도 다른 한 작품과 공동 최우수상을 받았다. 이 뜻하지 않은 행운으로 나는 자신감이 치솟았을 뿐만 아니라 받은 상금으로 1년치 생활비를 해결할 수 있었다. 나는 1933년 여름, 가을, 겨울 동안 치열하고 꾸준하게 썼다. 이때까지 완성한 원고만으로도 분량이 어마어마했는데, 내 창작열은 이전 어느 때보다도 비옥하고 왕성했다. 그러나 쉴 새 없는 집필, 이미 거의 200만 단어 길이에 육박하는 재료를 한 권에 욱여넣으려는 노력을 거의 3년 동안 계속한 뒤라 지치기 시작했다. 이 원고에서 두 권의 두꺼운 장편을 뽑아낼 수 있겠다는 가능성을 뚜렷이 느끼기 시작했고, 성격이 전혀 다른 두 작품을 하나의 장편으로 억지로 압축하려 했던 것은 전적으로 불가능하고 잘못된 시도였다는 생각도 분명해졌다.

1933년 봄, 나는 몹시 지친 상태였는데 〈스크리브너스 매거진〉이 내가 새로 써낸 것에서 세 편의 좀 더 긴 대목을 채택하여 봄과 여름에 실어주었다. 그 제목을 게재된 순서대로 밝히면, 내 생각에 그때까지 내가 쓴 것 중 최고인 〈죽음, 오만한 형제

여Death the Proud Brother〉,* 〈기차와 도시The Train and the City〉, 〈문이 없다No Door〉다. 이 세 작품을 발표하면서 나는 자신감이 한층 살아났고 돈이 무척 아쉬운 터에 얼마간의 돈도 벌었으며, 내 이름이 대중에게서 완전히 잊히는 사태를 막을 수 있었다. 그러나 그해는 내 생애 최악의 해였다. 그해가 다 끝나기 전에 나는 피로에 발목을 잡힌, 거의 가망 없는, 금방이라도 무릎 꿇을 준비가 된, 작가로서 끝장이라고 시인할 채비가 된 인간의 모습이었고, 내가 벌인 작업을 제대로 마감할 수 없었다. 암흑의 시간이었다.

나는 가끔 이 작품을 끝낼 수 있으리라는 기대도 믿음도 없이, 오로지 암울한 절망감에 휩싸인 채 글을 썼지만 그래도 쓰고 또 썼으며, 쓰기를 단념하지 못했다. 어쩌면 절망감 자체가 나를 무조건 앞으로 나아가도록, 완성에 대한 믿음이 없어도 쓰도록 밀어붙인 자극제였는지도 모르겠다. 고작 2년 반밖에 안 되는 브루클린에서의 삶이 내게는 수백 년을, 일반적인 시간의 잣대로는 헤아릴 수 없는 심연과도 같은 암울하고 무한한 경험

---

*　울프가 뉴욕 브루클린 거주 시절 목격한 거리의 죽음에 대한 글로, 존 던의 시 〈죽음이여, 오만함을 거두어라Death, Be Not Proud〉와 같은 맥락의 제목이다. 그 시는 이렇게 시작한다. "죽음이여, 오만하게 굴지 말아라, 어떤 사람들은 네가 막강하고 두려운 존재라고 하지만, 실은 그렇지 않다."

을 거슬러 올라간 시간처럼 느껴졌다. 사람들은 종종 그 시간 동안 내게 무슨 일이 있었느냐고 물었다. 그들은 내게, 창작의 세계에 그토록 열중해 있으면서 어느 틈에 새로운 경험을 관찰하거나 관망하거나 느끼거나 쌓을 수 있었느냐고, 어느 겨를에 나를 둘러싼 세상 돌아가는 일을 훤히 아느냐고 묻곤 했다. 글쎄, 기이하게 들릴지도 모르겠으나, 실은 내 생애를 통틀어, 거대한 과제를 붙들고 안간힘을 썼던 그 세 해만큼 충실하게 산 동시에 보통 사람들의 삶으로 깊이 들어간 때는 없었다.

우선 내 오감과 창의적 기능이, 느끼고 반추하는 능력이, 심지어 청각, 게다가 기억력까지도 내 생애 최고의 예민함과 집중도를 발휘해 주었다. 치열하고 혹독한 노동의 하루를 마감해도 내 정신은 여전히 달아오른 상태여서 독서, 시, 음악, 술, 그밖에 어떤 쾌락으로도 진정시킬 수가 없었다. 잠을 청할 수도, 끓어넘치는 창작 에너지를 잠재우거나 통제할 수도 없었다. 그런 상태로 세 해를 보내면서 나는 거리를 배회했고, 그 거대한 정글을, 다리가 백만 개 달린 도시의 복잡다단한 세부를 탐험했고, 예전에는 전혀 알지 못했던 이 도시의 천태만상을 차츰 알게 되었다. 그 세 해 동안 나는 이 도시를, 그리고 미국을 발견해 나갔고, 평범한 사람들의 삶에 점점 더 가까이 다가갔고, 그들이 사는 방식, 말씨, 생각, 성격을, 그들 저마다가 품고 있는 보잘것없고 막연하고 부정직하고 비뚤어지고, 그러나 나름으로 다부진 목적과 포부를 익혔다. 때는 미국 역사의 암흑기이자 내 삶과 정신의 암흑기였으므로, 그 시절에 대한 내 기억은 꽤나 암울하고 고통스러울 수밖에 없다.

그때는 어디를 둘러보나 어마어마한 파산과 고통이 널려 있었다. 내 일가친척도 하나같이 이른바 '경제 공황'으로 한평생 쌓아온 물질적 부를 잃고 파산했다. 그 세계적 재앙은 어떤 면에서는 내가 아는 거의 모든 사람의 삶을 강타했다. 게다가 나는 밤마다 그 거대한 거미줄이자 정글인 도시를 줄곧 헤집으며 배회했으니, 인류에게 닥친 그 끔찍한 재앙의 심각성을 속속들이 목격하고, 겪고, 느끼고, 경험한 셈이다.

나는 한 인간의 일생이 너덜너덜한 누더기 조각이 되어 흩어지는, 사회적 해충의 먹잇감이 되어버리는 것을 보았다. 엄동설한에 약간의 온기를 찾아 부유함의 호화롭고 거대한 기념비들의 그림자이자 차가운 피난처 내부, 문도 달리지 않는 변소에 웅크리고 모여 있거나 악취 나는 변기 위에 쪼그려 앉아 있는 비참한 사람들을 보았다. 나는 역겨운 폭력 행사와 잔학 행위를, 막강한 특권의 위협을, 가난하고 약하고 비참하고 기댈 데 없는 생명을 무자비하게 짓밟는 잔인하고 썩은 권력을 보았다.

인간의 인간에 대한 무자비함을 보여준 암울한 광경이 남긴 충격을, 부유한 특권층이 여전히 풍요로움에 젖어 있는 세상에서 아무렇지 않게, 소리 소문도 없이, 잔인하고도 무심하게 묵인되는 고통과 폭력과 억압과 굶주림과 추위와 추잡함과 가난의 잔상을 끝없이 반추하다 보니 내 삶에는 지워지지 않는 흉터가, 내 영혼에는 다시는 잊지 못할 자각이 남았다.

그리고 놀랍고도 신기하게도, 그 모든 일이 지나간 뒤에는 패배와 고뇌와 암담한 고통의 시간의 결정체인 영혼이, 인간의 불굴의 정신력, 겪고 견디고 어떻게든 살아남는 그 능력의 증거물인 타오르는 기억이 최후의 담보로 남았다. 그러므로 이제 나는 그 암흑 시기를 당시에는 상상조차 하지 못한 기쁜 마음으로 기억할 것이다. 나로 하여금 패배를 가까스로 딛고 일어서 첫 완성에 이르도록 이끌어준 시기이고, 개인적 고투, 고통, 노력의 차원에서 내 주변 사람들의 고투, 고통, 노력을 함께하는 차원으로 나아가게 해준 시기이기 때문이다. 이는 한 권의 책을 쓰는 과정이 내게 안겨준 또 다른 수확이다. 그 과정은 한 작품의 완성이 작가의 삶에 가져다주는 바로 그런 종류의 확장과 성장을 내 삶에 가져다주었다.

1933년 초겨울에 들어서면서 나는 마지막 실패의 수렁으로 빠져들었다. 나는 여전히 쓰고 또 썼지만 마치 멈춰지지 않는 기계처럼, 평생토록 종종걸음으로 오로지 연자방아 주위를 맴도는 늙은 말처럼 무작정, 절망적으로 써 내려갔을 뿐이다. 밤이면 들뜨고 불안한 의식을 휩쓸고 지나가는 강렬한 환영으로 가득한 끝없는 악몽으로 빠져들었다. 잠에서 깨어났을 때, 나는 기진맥진한 상태에서 또다시 오로지 온종일 미친 듯한 노동으로 스스로를 몰고 갔다. 그러면 다시 밤이 오고, 수많은 거리에서 광란의 배회를 하고 집에 돌아오면 또다시 숙면 없는 잠에 들고, 내 의식은 악몽의 화려한 행진에 이리저리 끌려다녔다.

나는 또 '죄책감'과 '시간'에 관한 꿈이라고밖에 달리 요약할 수 없는 종류의 꿈을 많이 꾸었다. 그 꿈들은 마치 카멜레온과도 같은 지독한 무한 번식력으로, 잠이라는 수동적이고 비의지적인 안락함이 험상궂게 나를 정복하는 시간을 틈타, 이미 내가 아는 거대한 세상, 엄청나게 다양한 얼굴, 수많은 말을 되살려냈다. 나에게는 '양'과 '수'와 날마다 격전을 벌인 지난날이, 삶의 온갖 양상과 끝없이 부대끼고, 내가 딛고 지나간 거리의 벽돌과 포석을, 마음속으로 잔인하고 불공평한 패권 다툼을 벌였던 온갖 도시, 온갖 나라에서 마주친 군중의 온갖 얼굴을 낱낱이 기억에 새겨 넣고자 지독하게도 끝없이 안간힘을 쓴 세월이 있었다. 그런데 그런 나날이 한꺼번에 되살아난 것이다. 내가 지나온 모든 포석, 도로, 동네, 나라는 말할 것도 없고 심지어 대학 도서관 서가에 꽂혀 있던, 한 권도 빠짐없이 닥치는 대로 읽어치우겠다고 공연히 용을 썼던 책들까지도, 이 강력하고 슬프고 살짝 미친 꿈들에 실려 되살아났다. 그렇게 나는 그 모든 것을 한꺼번에 보고 듣고 알아차렸고, 그러자 곧바로 고통과 고뇌가 사라지고 그토록 오랜 세월 내가 모조리 알아내겠다고 헛되이 분투했던 세상 만물의 주관자인 신의 존재에 대한 차분한 자각이 나를 채웠다. 그 막강한 꿈에 정복당했을 때, 나는 그때까지 살면서 그 어떤 다툼에서 패배했을 때보다 더한 아픔과 괴로움을 느꼈다.

그것은 그 꿈의 세계 위로 평온하고 조용하고 변함없는 시간의 빛이 끊임없이 빛나고 있었기 때문이다. 그리고 떼 지어 몰려오고 몰려가는 무리, 그들 각자의 얼굴과 삶이 꿈속에서는 내가 애쓰지 않아도 곧장 나의 것이 되어버리는 그 무리 사이로, 현실의 육신이 내는 슬프고 줄기찬 중얼거림이 들려왔다.

그리고 그 너머, 그 너머에, 세상과 세상에 속한 모든 것을 꿈이라는 편안한 복종 상태에 내맡기고 있는 나의 광대하고 평온한 의식 세계를 끊임없이 포위한 것이 있었으니, 그것은 바로 내가 씻을 수 없는 죄를 저질렀다는 결정적 사실이었다.

나는 내가 한 일이 무엇인지 알지 못했다. 다만, 시간을 끔찍하게 망각했고, 그럼으로써 친족을 배신했다는 것은 안다. 나는 고향을 떠나 산 지 오래되었는데 웬일인지, 무슨 곡절인지, 어떻게 갔는지는 모르지만 제대로 기억도 나지 않는 어둡고 슬품으로 가득한 심경인 채로 마녀의 마법에 걸린 초록색 전원의 나른한 향내에 취해 있었다. 그리고 갑작스럽게도 다시 고향 땅에 있었다. 그렇게 나는 고요하고 한산하고 변함없는 갈색빛을 받으며 길을, 언덕진 비탈길을, 친숙한 고향 땅의 거리를 걷고 있었다. 때로 내가 어린 시절을 보낸 고향 마을과 정확히 일치하는 광경과 마주쳤다. 익숙한 길거리, 얼굴, 집, 보도에 깔린 조약돌 하나까지 내가 알고 내 기억에 있는 모든 것은 두말할 나위 없고, 지하실 문에 달린 녹슨 경첩, 계단이 삐그덕거리는 방식, 격차장 나무 세공 부분의 갈색 페인트칠이 남긴, 오래되어 갈라진 기포, 옹이가 진 구멍 탓에 한쪽으로 움푹 파인 언덕 위 참나무 몸통, 앞문 유리창의 유약 바른 문양, 전차 운전자의 억센 손아귀에 의해 은색이 드러날 만큼 한쪽이 마모된, 담배 포대 천을 씌운 전차 브레이크 놋쇠 핸들처럼, 난생처음 보는 것만 같은, 아니면 까맣게 잊어버린 것만 같은 헤아릴 수 없이 많은 것들까지도 온갖 다른 것들과 함께 몰려와 밤잠을 고문했다.

이보다 더한 것, 기억이나 대물림의 결과물인 이런 장면들보다 더 익숙한 것은 그 장면들에서 어찌어찌 파생된 풍경들이다. 길거리, 번화가, 주택가 그리고 사람들의 얼굴을 그 모습 그대로가 아니라 인간의 두뇌와 가슴이 짜낸 이해할 수 없고 기이하고 난데없는 논리 구조에 걸맞은 방식대로 바라보고 상상했고,

따라서 그것들은 실제보다 더 진짜 같았고 고향보다 더 고향 같았다.

나는 고향을 오래 떠나 있었다. 나는 사악하고 뭔가에 홀린 장소에서 나이 먹으며, 키르케*의 시간의 나태하고 저열한 과잉에 젖어 인생을 허비하고 썩혔다. 그러느라 내 인생은 길을 잃었다. 실패작이다. 나는 고향을, 친구들을, 신성불가침의 신뢰로 묶인 친척들을 배신했다. 그리고 갑자기 나는 고향에 돌아와 있고, **침묵**으로 그들에게 답한다!

그들은 내게 힐난하거나 미워하는 눈초리를 보내지도, 경멸에 찬 맹비난을 퍼붓지도, 앙갚음을 각오하라고 협박하지도 않았다. 그러기라도 해줬다면 그 저주의 말들조차 내게는 고통과 심판이라는 위안을 주었을 텐데! 그러기는커녕 그들의 시선은 고요했으며 혀는 소리를 내지 않았다. 그래서 또다시 나는 그 낯익은 시내의 거리를 걸었고 오랜 세월을 건너뛰어 낯익은 얼굴들의 면면을 다시 마주했고, 귀에 익은 말, 익숙한 목소리를 다시 들었고, 행동의 변화와 상호작용을, 일상의 평범하고 익숙한 광경을, 길거리 사람들의 오가는 모습을 숨죽인 채 깊은 경이감을 품고 지켜보았고, 그 모두가 오래전 늘 그대로이며, 나는

---

* 그리스·로마 신화 속 인물로, 마녀의 대명사.

그 어느 것도 잊어버리지 않았다는 사실을 깨달았다. 그것들을 지나쳐 죽음이 닥치기 전까지는 그랬다.

내가 그들 사이로 걸어 들어갔더니 그들은 움직임을 멈추었고, 내가 그들 사이로 걸어 들어갔더니 그들은 입을 다물었고, 내가 그들 사이로 걸어 들어갔더니 내가 지나갈 때까지 그대로 서서 침묵했다. 그들이 나를 쳐다봤다면 아마도 그 시선은 침묵과 망각으로 텅 비어 있었을 것이다. 비난도 슬픔도 경멸도 담기지 않은, 괴로움도 냉소도 찾아볼 수 없는 시선. 내가 죽었더라면 적어도 기억의 유령이라도 함께해 주었으련만, 이건 아예 태어난 적도 없는 사람 취급이었다. 그러니 나는 그들을 지나쳤고 어느 쪽으로 발걸음을 옮기든 죽음이었고, 내가 지나가고 나면 등 뒤에서 그들이 닫았던 입을 열어 말하는 소리가 들렸다. 거리는 다시 떠들썩해지고 대낮의 화사한 일상이 되살아났다. 내가 지나가고 난 뒤에야!

온 마을의 일상이 나를 피해, 나를 따돌리며 돌아갔고 나는 곧바로, 어떤 이동 과정도 없이, 나무 한 그루 없이 황량한 너른 공터를 가로질러 삭막한 도로를 걷고 있었고, 행성의 허공이 주는 공포로부터 고요하고 슬프고 치명적인 빛이 나를 비추었고, 내 헐벗은 영혼을 잠식해 오는 눈꺼풀도 없고 무자비한 냉정한 하늘의 눈은 내 헐벗은 영혼을 암묵의 수치심의 산酸으로 끊임없이 부식시켰다.

'죄책감'과 '시간'에 관한 꿈의 또 다른, 더욱더 절묘한 변형은 이를테면 이런 식이다. 내가 나라 밖에서 살고 있는 것 같은 꿈인데, 꿈속의 나는 여전히 대학 강사 일에 매여 있다고 의식한다. 거칠고 소란한 미국 땅, 그 일상의 힘겨운 압박에서 멀리 벗어나, 복도는 까무잡잡한 얼굴들로 붐비고 귀에 거슬리는 지껄임으로 시끌벅적하던 대학의 신경 긁는 은어에서도 멀리 벗어나, 온갖 충돌과 혼잡과 야단법석으로 점철된 열에 들뜬 삶, 그 불건전한 긴장감과 신경과민을 벗어던지고, 나는 이국의 초록과 금빛 이국적인 호화로움 속에서 살고 있었다. 저 멀리 고대 고딕 도시에서의 삶, 아니면 시골 고성에서의 유쾌한 로맨스로 이어지는 꿈을 따라 내 영혼은 이 나라에서 저 나라로, 이 황홀경에서 저 황홀경으로 옮겨 다녔고, 내 인생은 마법에 취해 흘러갔다. 그럼에도 나는 '시간'과 '죄책감'에 대한 의식에, 신뢰를 저버렸다는 막연한 가책에 줄곧 붙들려 있었고, 급기야 생생하고 급박한 현실 인식에 빠져들었다. 한 해 동안 집을 떠나 있었고, 대학에서 내가 맡았던 수업들은 내내 나를 기다려왔는데, 갑자기 나는 다시 학교에 돌아와 있었고, 사람들로 북적대는 복도를 급히 통과해, 그동안 까맣게 잊고 지낸 나의 강의실을 찾아 이 교실, 저 교실 미친 듯이, 필사적으로 뛰어다녔다. 이 일련의 꿈들에는 터무니없고 지긋지긋한 종류의, 유감스럽게도 나는 음미할 수 없는 해학이 담겨 있었다.

꿈에서 나는 내가 내팽개친 수업들이 1년씩이나 나를 기다려주리라고 나름 믿고 있었다. 나는 내 수강생들이 3만 명이나 되는 그 학교 학생 무리를 헤집고 떠돌며 미로 같은 복도를 뒤지고 다니는 광경을 보았다. 그리고 이건 최고로 끔찍한 대목이었는데, 마침내 아직 채점하지 않은 학생들의 과제물 더미까지 발견했다. 매주 불어나는 그 빌어먹을 과제물 더미, 산처럼 쌓이는 절망적으로 밀린 일거리들 말이다. 그런데 그 뒷면을 가득 메웠던, 내가 지루함과 양심의 이중고에 시달리며 휘갈겨 놓은 평가의 말들은 모조리 온데간데없이 사라졌다. 다시 채점하기엔 이미 늦었다! 최소한 한 달, 아니 두 주일, 아니 한 주일의 말미라도 있다면 시간의 기적에 기대어 미친 듯이 다시 채점해서 어떻게든 일을 수습해 보련만 그날은 학기의 마지막 날이었고 마지막 수업을 마쳤으니, 이제 나는 구제 불능이었다. 과 사무실에서 산더미 같은 미채점 과제물과 맞닥뜨린 채 아연실색한 것이다. 돌아보니 사람들이 침묵한 채 나를 에워싸고 있었다. 나를 빤히 쳐다보는 것도 아니고, 경멸이나 분노가 담긴 모습도 아니고, 내 쪽으로 확 다가오는 것도 아니고, 그저 비난을 가득 머금은 눈길을 나에게 보냈다. 내 어린 유대교도들이, 한풀 꺾였으나 흔들림 없는 원망이 담긴 그 검은 눈동자로 나를 노려보며 나를 에워쌌고, 그 뒤를 내 동료 배심원들이라 할 강사들이 다시 에워쌌다.

학생들, 강사들, 친구들, 적들, 그리고 채점 안 된 과제물 더미라는 엄청난 저주, 그 모든 것이 등장한 꿈이었다. 그들은 입은 굳게 다문 채 완강하고 가차 없는 비난을 담은 눈길만을 내게 보냈다.

이 꿈은 수없이 되풀이되며 내 꿈자리를 사납게 했다. 그때마다 나는 괴롭고 공포스러워 식은땀 범벅이 되어 잠에서 깨어나곤 했고, 때로는 꿈이 남긴 잔상에 짓눌려, 꿈에서 받은 선고의 주술이 너무도 생생하고 끔찍해서, 꿈에서 빠져나오고도 나 자신을 현실로 되돌리기 위해 잠시 꿈속 환영들과 싸우며 극심한 공포에 휩싸인 채 누워 있곤 했다.

나는 '죄책감'과 '시간'과 연관된 꿈만 꾸는 게 아니었다. 잠들었을 때 내 정신과 기억은 끊임없이 폭포처럼 맹렬하게 쏟아지는 환영들에 시달렸다. 어마어마한 기억의 저장고가 파헤쳐지고 이 급류로 쏟아져 들어왔다. 한번 보고 오래도록 잊었던 온갖 것들이 되살아나 이 빛의 급류를 타고 내 눈앞에 번득였다. 아직 본 적 없는 오만가지 것들, 얼굴, 도시, 거리 같은 것들이, 이윽고 전혀 본 적 없지만 오래도록 상상해 왔던 풍경들이, 모르는, 그러나 내 기억에 있는 얼굴들보다 더 생생한 얼굴들이, 내가 들어본 적 없지만 내가 늘 들어왔던 것보다 더 익숙한 목소리가, 내가 알았던 그 어떤 현실적이고 실질적인 사실들보다 더 진짜 같은 처음 보는 무늬, 군중, 형상, 풍경 따위의 본모습이, 열에 들떠 불안한 내 의식 세계로 꾸역꾸역 밀려들었고 마침내 나는 이 가장행렬에 끝이 없다는 것을 깨달았다.

잠은, 자비롭고 어둡고 달콤한 무의식인 유년기의 잠은 영원히 죽어 있었기 때문이다. 벌레가 내 심장으로 들어와 똬리를 틀고 뇌를, 영혼을, 기억을 갉아먹었고, 나는 결국 스스로 놓은 불에 옮겨붙을 것임을, 나 자신의 갈망에 잡아먹힐 것임을, 오랜 세월 내 삶을 빨아들여 온 그 맹렬하고 채워지지 않는 욕망의 함정에 빠질 것임을 알았다. 간단히 말하자면, 나의 뇌 또는 심장 또는 기억에 존재하는 하나의 똘똘한 세포가 이제 영원히 빛날 것임을. 밤에도 낮에도, 깨어 있는 동안에도 잠든 동안에도, 그 벌레는 먹고 빛을 낼 것임을 알았다. 음식이든 술이든 우정이든 여행이든 오락이든 여자든, 그 어떤 위안거리도 이 불을 끄지는 못할 것임을, 죽음이 내 삶에 총체적이고 결정적인 암흑을 덮어씌우기 전까지 나는 벗어나지 못할 것임을 알았다.

나는 마침내 내가 작가가 되었다는 것도 알았다. 작가의 삶을 살기로 결정한 사람 앞에 무슨 일들이 닥치는지 마침내 알게 된 것이다.

1933년 초겨울에 내 삶은 그런 상태에 이르렀고, 그럼에도 불구하고 내 방대한 작업은, 비록 내 눈에는 안 보였지만 끝을 향해 가고 있었다. 그해 12월 중순에 앞서 이야기한, 고통의 시간 내내 나를 조용히 지켜봐 주던 편집자가 나를 자기 집으로 부르더니 이제 책이 완성됐다고 담담하게 말했다. 나는 어안이 벙벙한 채로 그를 그저 바라보다가 끝내 이런 절망적인 소리를 털어놓을 수밖에 없었다. 그가 오판했다고, 책은 아직 미완성이라고, 영영 끝낼 수 없을 것 같다고, 더는 못 쓰겠다고. 그는 내가 인지하든 안 하든 책은 완성됐다고 여전히 조용하고 단호하게 답하면서 이제 작업실로 가서 지난 2년 동안 쌓아온 원고들을 제대로 순서 잡아 엮는 작업에 다음 한 주를 쓰라고 했다.

　나는 희망도 확신도 없이 그의 지시를 따랐다. 산더미처럼 쌓인 타자 친 원고 뭉치*에 에워싸인 채 작업실 한가운데에 앉아 엿새 동안 일했다. 그 주말에 제1부를 엮어냈고, 1933년의 크리스마스를 이틀 남긴 시점에 《10월의 축제》의 원고를, 그 며칠 뒤 《펜트랜드 너머 언덕들 The Hills Beyond Pentland》의 원고를 그에게 넘겼다. 《10월의 축제》의 원고량은 그때 당시 100만 단어가 넘었다. 원고를 그전 세 해에 걸쳐 토막글 상태로 이미 다 읽

---

* 　토머스 울프는 스스로 '장부책'이라 일컬은 종이 묶음에다 손수 글을 썼다. 여기서 말하는 것은 스크리브너스 출판사 타자수가 입력한 원고다.

은 것이나 다름없는 그는 이제 비로소 순서대로 읽은 셈이었는데, 그의 직관은 이번에도 옳았다. 책이 완성되었다던 그의 말은 참말이었다.

여기서 완성이란 출판하거나 읽을 만한 상태라는 뜻이 아니었다. 아직은 최종 완성된 모습이라기보다는 작품의 뼈대에 가까웠지만 네 해 만에 처음으로 필요한 모든 뼈대가 갖춰졌다. 손질, 한데 엮기, 모양새 가다듬기, 그리고 무엇보다도 중요한 덜어내기 등 아직 남은 일이 태산이었지만 어쨌든 완성본이 눈앞에 있으니 이제 그 무엇도, 내 마음속 실망감마저도 그것을 내게서 빼앗을 수는 없었다. 그가 그렇게 말했고, 나는 그가 옳다는 것을 곧바로 알아차렸다.

그때부터 나는 기운을 회복해 갔다. 마치 다시 태어난 것 같았다. 완전히 길을 잃어 돌이킬 수 없는 지경에 이르렀다가 전혀 생각지 못했던 방식으로 기사회생한 것만 같았다. 물에 빠져 허우적거리다가 최후의 순간에 발이 땅에 닿는 걸 느낀 사람과 같았다. 나는 일찍이 맛본 적 있는 승리감으로 고양되었고, 비록 정신이 지치고 몸도 기진맥진할지라도 이제 그 어떤 일이든 감당할 수 있을 것만 같았다.

우리 앞에는 아직도 수많은 난관이 가로놓여 있는 게 분명했지만 일단 작품이 완성된 이상 어떤 어려움도 기꺼이 자신 있게 마주했다. 우선 원고의 어마어마한 분량이 문제였다. 뼈대만 맞춘 지금 상태에서도 《10월의 축제》의 원고는 보통 소설의 열두 배, 《전쟁과 평화》의 두 배 길이였다. 한 권으로 출판하기에 불가능한 분량임은 말할 것도 없고 여러 권으로 나누어 출판한다 하더라도 그 엄청난 길이의 작품이 읽어줄 독자를 만날 수 있을지 의문이었다.

나의 편집자는 이 당면 문제를 곧장 붙들고 해결 방법을 찾기 시작했다. 그는 《10월의 축제》 원고 검토 작업을 진행하면서 이 작품이 두 개의 온전하고 독립적인 연작으로 이루어져 있다는 사실을 발견했다. 첫 번째 이야기는 한 인간의 청춘기 방황과 갈망을, 두 번째 이야기는 확고한 자신의 세계를 갖추고 한 가지 일에 열정을 쏟는 시기를 다루고 있었다. 따라서 이 두 연작은 두 개의 완전히 독립적인 이야기임이 분명하고, 비록 두 번째 이야기가 훨씬 완성도가 높은 상태이긴 했지만 첫 번째 이야기를 먼저 완성하여 출판하는 게 옳겠다는 판단에 따라 그 순서로 작업해 나가기로 했다.

우리는 첫 작업에 들어갔다. 나는 책의 서두부터 대미까지 흐름을 잡을 뿐만 아니라 이미 완성된 장, 일부만 완성된 장, 새로 써야 하는 장을 세분하는 상세하고 치밀한 시놉시스를 곧장 준비했고, 이 시놉시스를 놓고 출판을 위한 작업에 들어갔다.

나는 1934년 한 해를 통째로 이 작업에 바쳤다. 1935년 초에야 비로소 모든 작업이 끝났고, 그해 3월에 《시간과 강에 대하여Of Time and River》라는 제목으로 책이 세상에 나왔다.

내 것과 같은 상태의 원고를 두고 편집자는 어떤 작업을 하는지에 관해 이야기한다면 실용적인 관심으로 귀를 기울일 사람이 많을 것이다. 이미 이야기했듯이, 내 원고는 아주 독특한 문제를 안고 있었다. 그래서 편집자의 필요성이 엄청나게 컸다. 내 책만큼 편집자의 존재가 꼭 필요하고 그의 도움이 실질적인 가치를 발휘한 경우는 없었다. 무엇보다도, 내 원고는 탈고 이전부터 과감한 덜어내기가 필요한 상태였는데, 탈고 후 지치기도 했거니와 애초에 문제적 집필 방식이 몸에 밴 나는 우리 앞에 놓인 다음 작업을 감당할 준비가 되어 있지 않았다.

글쓰기에서 내게 언제나 가장 어렵고 하기 싫은 일은 덜어내기였다. 나는 언제나 덜어내기보다는 쓰기가 더 기질에 맞았다. 게다가 나 자신의 원고를 비판적으로 바라볼 수 있는 얼마간의 능력마저도 네 해 동안의 맹렬한 글쓰기 탓에 적어도 한동안은 꺼내 쓸 수 없을 만큼 망가져 있었다. 인간이 거의 5년에 걸쳐 화산이 펄펄 끓는 용암을 분출하듯이 내면에서 글을 뽑아내고 나면, 그 글이 아무리 군더더기투성이라고 할지라도 한줄 한줄 창작 에너지를 극한 상태로 밀어붙여 얻어진 격정과 열광의 산물이라면, 한순간에 냉정하고 날카롭게, 가차 없이 객관적으로 그 글을 바라보기란 매우 어렵다.

우리 앞에 닥친 난관 중 일부만 자세히 설명해 보겠다. 책의 시작 부분은 야간열차를 타고 버지니아주를 가로지르는 여정을 담고 있다. 작품 전체에서 이 부분의 기능은 그저 주요 등장인물 몇 사람을 소개하면서 중요한 정황들을 내비치고, 이야기가 펼쳐질 배경도 얼마쯤 알려주고, 대지의 정적을 가르는 기차의 움직임을 통해 작품에 모종의 박동을 설정하고, 작품에 내재된 정서를 불러일으키는 것이다. 따라서 그 기능은 분명 중요하긴 하지만 작품 전체로 볼 때는 부차적이므로 작품 전체에서 차지하는 분량이 적절해야 했다.

그런데 내 초고에서 버지니아주로 가는 야간열차 여정은 비정상적으로 길었다. 도입부 첫 장 또는 두 개 장 정도를 할애하면 충분했을 텐데 나는 10만 단어 분량을 썼다. 게다가 이러한 불균형의 문제는 도입부뿐만 아니라 초고에 널려 있었다.

기차에 대해 쓴 부분은 매우 좋았다. 살아오면서 내가 기차에 대해 생각하고 느끼고 관찰한 모든 것을 담은 글이었다. 그러나 이 글 덕분에 나는, 어떤 사람이 쓴 글이 그것 자체로는 그동안 쓴 글 중 최상이라 해도, 막상 출판하려는 원고 어디에도 마땅히 들어갈 자리가 없을 수도 있다는 뼈아픈 교훈을 얻었다.

글을 쓰고 싶은 사람이라면 꼭 명심해야 할 이 가혹하지만 피할 수 없는 진실을 우리는 받아들였다.

그 잔인한 도륙을 자행하면서 내 가슴은 찢어지는 것만 같았다. 온 마음을 쏟아 써 내려갔던 수많은 멋진 글 토막이 무자비하게 잘려나가는 참상 앞에서 내 마음은 요동쳤다. 그러나 꼭 필요한 과정이었고 우리는 해냈다. 나의 편집자는 초고의 첫 장만큼은 내가 과거에 쓴 어떤 글 못지않게 훌륭하다고 인정해 준 다음, 가차 없이 걷어냈다. 책의 진짜 서두가 아니라 진짜 서두를 이끌어내기 위한 허두에 불과하므로 다 날려버려야 한다고 했다.

그런 온갖 우여곡절을 겪으며 우리는 앞으로 나아갔다. 5만 단어 길이의 장들은 1만에서 1만 5천 단어 길이로 줄어들었고 그런 식으로 모질게 작업하다 보니 마침내 나 스스로 가차 없이 잘라내는 일에 익숙해져서 한두 번은 편집자가 그대로 넘어간 대목까지 내 손으로 삭제하기도 했다.

글쓰기에서 나를 줄곧 괴롭힌 또 다른 고질병은 삶의 어떤 장면을 온전히 그대로 정밀하게 재생하려고 종종 용을 쓰는 것이었다. 그러다 보니 네 사람이 네 시간 동안 잠시도 쉬지 않고 이야기하는 장면도 나왔다.

네 사람 다 입담이 좋아서 종종 네 사람이 한꺼번에 말하거나 서로 자기가 말하려 들었다. 네 등장인물 모두 실제 인물에서 따왔던 터라 나는 그 사람들이 어떻게 사는지, 성격이 어떤지, 어떤 어휘를 구사하는지 알고 있었고 모조리 기억에 담아두고 있었으므로 대화 내용 자체는 흥미진진하고 생생했다. 그렇지만 이 장면이 펼쳐지는 내내 실제로 벌어지는 일이라곤 젊은 여자가 남편 자동차에서 내려 어머니 집으로 들어간 다음, 성급한 남편이 밖에서 자동차 경적을 울릴 때마다 "알았어, 알았다고. 5분 안에 나간다고!"라고 소리치는 것밖에 없다. 불쌍한 남편이 밖에서 경적을 울리며 보채는 동안, 집 안에 있는 두 여자와 그 집 식구인 다른 두 젊은 남자 사이에 이야기 봇물이 터져 같은 동네에 사는 거의 모든 사람의 근황과 과거지사를 남김없이 도마 위에 올리며 그들 기억 속의 지난날을 불러내고 최근에 겪은 희한한 일, 앞날에 대한 상상을 늘어놓는 동안, 그 5분은 실제로는 네 시간으로 늘어났다. 나는 초고에 그 모두를 내가 과거에 수없이 보고 겪은 그대로 썼고, 아마도 자화자찬이 되겠지만 그 내용은 대화의 생생한 분위기며 말씨의 특징이며 물 흐르는 듯한 자연스러움이며 어느 하나 빠지는 데 없이 훌륭했지만, 네 사람의 대화에 8만 단어를 사용했으니 별로 중요하지 않은 장면에 촘촘한 활자로 인쇄한다고 쳐도 대작의 200쪽 분량에 해당하는 지면을 내준 것이다. 따라서 글은 훌륭했지만 문제가 있었고, 날려버려야만 했다.

이것이 우리가 작업을 진행하면서 부딪쳤던 가장 어려운 문제 중 하나였다. 출간 이후에 작품이 지나치게 길다는 비판을 많이 받았고, 짧았더라면 작가의 의도가 더 효과적으로 전달되었겠다든지 더 과감하게 줄였어야 했다고 주장하는 비평가가 여럿 있었지만, 사실 내가 상상도 하지 못했을 만큼 심하고 무지막지하게 잘라낸 거였다.

한편 나는 마무리가 덜 된 부분을 매만지고, 한 화제에서 다른 화제로 넘어가는 데 꼭 필요한 연결 고리를 만들어 넣으며 내 구상을 완성해 나가는 작업에도 전속력을 냈다. 이 일 자체만으로도 작업량이 엄청나, 한 해 동안 꼬박 온종일 사력을 다해 써야만 했다. 그런데 여기서 또 내 고질병이 도졌다. 다시 너무 많이 쓴 것이다. 꼭 필요한 부분도 썼지만 좋은 새 장면, 창작에 골몰한 인간 앞에만 마법처럼 열리는 황홀한 새 전망을 향한 열망이 자꾸만 나를 사로잡았고, 그러면 나는 또다시, 무자비한 압축에 절대 집중해야 할 우리의 작업에 아무 도움도 되지 않을 장면에 수천 단어를 써대곤 했다.

이 한 해 동안에 내가 추가로 쓴 원고량만 아마도 50만 단어는 훌쩍 넘을 텐데, 당연히 그중 극히 일부만 마지막까지 살아남았다.

글감들을 남김없이 뒤지고 훑어야만 직성이 풀리는 내 작업 방식은 나를 또 다른 잘못으로 이끌었다. 나는 그 어느 하나도 절대로 잃고 싶지 않았다. 다섯 해 동안 끊임없이 써대다 보니, 내가 쓴 모든 것이 활용되어야 할 뿐만 아니라 모든 것을 남김없이 이야기해야지, 그 어느 것도 넌지시 내비치기만 하고 넘어가서는 안 될 것만 같았다. 그러다 보니 작품에 결정적 가치를 부여하기 위해 꼭 추가되어야 한다고 확신하는 장만 적어도 열두 개가 더 생겨났다. 이 문제로 편집자와 맹렬한 논쟁을 천 번은 벌였다. 나는 그 장들 없이는 온전한 작품이라 할 수 없다는 간명한 이유로 그 장들을 추가해야 한다고 주장했고, 나의 편집자는 매번 논쟁할 때마다 내가 틀렸음을 증명하려고 애를 썼다. 이제 와서 생각하면 전반적으로 그의 생각이 옳았지만 당시에는 나와 내 작품을 서로 떼어놓고 생각할 수 없을 만큼 작품에 빠져 있었기 때문에 나는 옳은 판단에 필요한 객관성이 없었다.

작업은 급작스럽게 끝났다. 다섯 해 동안 이어진 고통스럽고 통제 불가능한 생산성의 끝이었다. 10월에 1년여 만에 처음으로 두 주의 휴가를 얻어 시카고에 갔다. 휴가에서 돌아왔을 때 나는 나의 편집자가 조용하고도 단호하게 원고를 인쇄소로 넘겼으며, 인쇄기에 이미 내 작품이 걸려 있고 교정쇄가 나오기 시작했다는 사실을 알게 되었다. 전혀 예상하지 못한 상황이었기에 나는 망연자실했고 당황스러웠다. 나는 그에게 말했다. "안

돼요. 원고는 아직 미완성이라고요. 아직도 6개월은 더 붙들고 있어야 해요."

그가 답하길, 작업은 이미 끝났을 뿐 아니라 이 작품에 6개월을 더 바친들 그 뒤에는 다시 6개월이, 또다시 6개월이 필요할 것이며, 이 한 작품에 심하게 집착한 나머지 영원히 출판 단계로 넘어가지 못하게 붙들고 있을 것이라고 했다. 그는 또, 그런 방식은 내게 맞지 않다고, 내가 가진 재능으로 보건대, 나는 플로베르 유형의 작가는 아니라고, 완벽주의자가 아니라고, 내 안에 스무 권, 서른 권, 아니 수없이 많은 책이 들어 있다 해도 중요한 것은 그것들을 생산해 내는 것이지 한 권의 책을 완성하는 데 남은 생을 다 바치는 게 아니라고 했다. 그도 나에게 6개월의 말미가 더 주어지면 작품의 완성도를 조금은 더 높일 수 있을 거라는 주장엔 동의했지만, 그 차이가 내가 믿는 것만큼 굉장할 거라고는 생각하지 않았다. 그는 더는 미루지 말고 즉시 출판에 넘겨야 한다고, 내가 그 작업에서 벗어나야 한다고, 완전히 잊고 이제부턴 진작부터 대기 중인 다음 작품의 마무리에 전력해야 한다고, 나의 친구이자 출판인으로서 강하게 밀어붙였다. 그는 더 나아가 이 작품의 길이, 형용사들, 과잉됨이 앞으로 정확하게 어떤 비판을 받을지 알려주면서, 실망하지 말라고 했다.

그는 끝으로 나는 내 갈 길을 계속 가면서 더 좋은 작품을 쓰면 된다고, 이제 그토록 많은 혼란과 낭비와 헛된 고통을 치르지 않고 작업하는 방법을 터득할 것이라고, 앞으로 쓸 작품들은 더 많은 통일성과 안정감, 그리고 작가라면 누구나 자기 작품이 갖추기를 바라는 완결성을 갖출 수 있을 거라면서, 더듬어 나아가고 몸부림치며 앞길을 스스로 헤쳐 나가는 가운데 이제까지와 마찬가지 방식으로 깨우쳐 나갈 거라고, 그 방법 아닌 다른 깨우침의 지름길은 없다고 말했다.

1935년 1월에 나는 교정쇄 최종 수정 작업을 끝냈고 출판사에서 2월에 첫 인쇄 교정본을 보내왔다. 책은 3월 초에 출간되었는데 나는 그때 해외에 있었다. 그 일주일 전에 배를 타고 유럽으로 떠났는데 아메리카 대륙의 해안에서 멀어질수록 기분이 점점 무겁게 가라앉는 걸 느꼈다. 나는 그전에 겪었을 때보다 훨씬 더 대책 없는 우울의 나락으로 빠져들었다. 5년 동안 극한의 긴장을 버텨온 인체가 긴장이 풀리면서 겪게 마련인 필연적인 반응이었다. 마치 오랜 세월 팽팽하게 잡아당겨진 거대한 용수철과 같던 내 몸이 이제 천천히 긴장에서 풀려나는 듯했다. 책에 생각이 미치면 이제까지 느껴본 적 없는 기이한 적막감이 밀려왔다. 책과 내가 얼마나 밀착되어 있었는지, 책이 내 안에서 얼마나 큰 부분을 차지했는지 비로소 실감했고, 책이 내게서 떨어져 나가고 나니 삶이 쓸모없고 텅 빈 조개껍데기처럼 느껴졌다.

책은 내 손을 떠났고 이제 더는 내가 어떻게 해볼 수 없다고 생각하니 참담한 실패감이 몰려왔다. 내 글이 책이 되어 나오는 것이 나는 언제나 두려웠다. 출간이 내 작업을 완성시켜 주기에, 거기에 도달하려고 그토록 열심히 노력해 왔으면서도 말이다. 정말 어떤 글이든 인쇄되어 세상에 노출될 순간이 다가오면 나는 절망에 빠져들곤 했고, 출판사에 책의 출간을 다음 시즌으로 미뤄달라고 간청했을 뿐 아니라 문예지 편집자들에게 손질을 좀 더 할 때까지, 그게 뭔지 나조차 명확하게 알 수 없는 추가 수정 작업을 마칠 때까지 작품 게재를 한두 달 미뤄달라고 요청하곤 했다.

나를 실은 배가 유럽 해안으로 다가가고 내 책이 며칠 안에 세상에 나올 것임을 깨달았을 때 이전 그 어느 때보다 지독한 수치심이 나를 짓눌렀다. 재능이라곤 찾아볼 구석이 없는 한심한 바보가, 첫 책의 반짝 성공이 지속될 수 없을 거라는 비평가들의 예측을 입증해 주려고 형편없는 본모습을 드러내는 꼴이라는 기분이 들었다. 미국에서 책이 출간되던 3월 8일에 파리에 도착한 내 심경은 대략 이러했다. 책을 잊어버리려고 떠났는데 자나 깨나 책 생각만 하고 있었다. 나는 동틀 무렵부터 해가 질 때까지, 밤부터 아침까지 거리를 걸었다. 2주라는 짧은 체류 기간 동안 예수성심성당(사크레쾨르)에서 미사가 거행되는 소리를 적어도 열두 번은 들었고, 걷고 또 걷다가 밤 열 시에 호텔로 돌아와 침대에 누워도, 여전히 잠을 이룰 수 없었다.

그렇게 여러 날을 지내다가 마음을 굳게 먹고 국제 전보가 나를 기다리고 있을지도 모르는 여행사 사무실로 갔다. 역시나 소식이 도착해 있었다. 발신인은 내 책을 낸 출판사였고 내용은 간단했다. "멋진 리뷰 기사들. 예상했던 비판 약간, 나머지는 엄청난 찬사." 나는 이 전보 내용을 처음에는 벅찬 기쁨 속에서 읽었지만 되풀이해서 읽을수록 오래된 어두운 의심이 고개를 들었고 밤이 되자 이 놀라운 전보는 파멸 선고에 불과하며, 작가를 향한 넘치는 연민을 못 이긴 나의 편집자가 내 책이 참패했다는 비보를 이런 방식으로 에둘러 전했으리라는 확신이 들었다.

나는 사흘 동안 파리 거리를 성난 동물처럼 배회했는데, 그 사흘에 대해 나중에 나는 아무것도 기억하지 못했다. 마침내 나는 편집자에게 아무것도 제대로 알 수 없는 이 빌어먹을 상황을 견디는 것보다 더 힘든 일은 없으니 아무리 지독한 내용이더라도 제발 사실대로 알려달라고 애원하는 광란의 전보문을 보냈다. 그는 답신에 쓰기를, 그에 대해서도, 고국에서 책이 일으키고 있는 반향에 대해서도 더는 의심할 필요가 없다고 했다.

한 권의 소설이 나오기까지, 그리고 그사이 소설가가 겪는 일에 관한 이야기는 내가 기억하는 한 이게 전부다. 이야기를 너무 길게 했다는 걸 잘 안다. 한 인간이 저지른 온갖 실수와 어이없는 오류로 가득 찬 이야기로 비칠 거라는 것도. 그렇지만 바로 그런 이야기이기 때문에 나는 이 이야기가 조금은 가치 있기를 바란다. 이 이야기는 한 인간이자 노동자인 소설가에 관한 이야기다. 평범한 가정의 자녀로 세상에 나왔고 괴로움, 실수, 좌절에 대해 살아 있는 보통 사람이 아는 만큼 잘 아는 한 인간으로서의 소설가 이야기다.

인류 역사에 소설가가 쉬운 삶을 살았던 시대는 없었다. 그리고 이 미국 땅에서 살았던 소설가들은 그중에서도 가장 힘든 삶을 살았을 게 틀림없다는 생각을 나는 종종 한다. 정신적으로 힘들었을 거라는 이야기가 아니다. 우리 미국인들이 살면서 겪는 좌절감, 정신적 황폐함, 예술가의 삶을 가로막고 성장을 방해하는 신랄한 속물주의에 대한 이야기도 아니다. 그런 것들에 대해서 말하지 않는 것은 내가 한때 그런 것들을 믿었으나 이제는 믿지 않기 때문이다. 내가 이제까지 예술가의 실제 경험에서 우러나오는 구체적인 언어로 말하려고 노력했듯이, 내가 말하려는 것은 예술가에게 주어지는 육체적 작업의 본질에 대한 것이다. 미국의 예술가들에게 주어진 육체적 작업의 비중은 내가 생각하기에 세계 어느 나라 예술가의 그것보다 크고 힘들다. 미국 예술가들이 유럽이나 동양의 문화에서 자신의 작업에 꼭 필요한 정당성이나 진실을 부여할 어떤 전범이나 구조적 계획이나 전통의 실체도 발견하지 못했기 때문만은 아니다. 자신의 삶에서, 그리고 미국인 삶의 광대한 공간과 에너지에서 스스로 새로운 전통을, 자기 고유의 의도가 담긴 구조를 세워야 했기 때문만도 아니다. 이런 난관들과 맞닥뜨렸기 때문만이 아니다. 그 이상이다. 그의 앞에 놓인 과업은 완전하고 포괄적인 아티큘레이션 작업, 온 우주와 완전한 언어의 발견이다.

이것이 우리가 이제껏 우리 삶을 바쳐야만 했던 투쟁의 본질이다. 천태만상의 미국, 야만적 폭력과 밀집한 복합성의 이 군중의 삶으로부터, 이 땅과 우리의 삶이라는 독특하고도 유일한 재료로부터 우리는 우리 삶의 동력과 에너지를, 우리 고유의 명확한 표현법을, 우리의 문학을 끌어내야만 한다.

이런 어렵고 정직한 방식을 통해서만 우리는 말을, 언어를, 그리고 인간으로서, 예술가로서 우리가 갖춰야 할 양심을 발견할 수 있을 것이다. 그리고 그럼으로써 우리는, 지금 가진 것 이상을 갖지 못한 우리는, 지금 아는 것 이상을 알지 못하는 우리는, 현재의 우리 이상의 우리가 아닌 우리는, 우리의 미국을 발견해야만 한다.

글쓰기,
살아내기

세상을 떠나기 1년 전의 토머스 울프, 1937년. 칼 밴 벡튼 사진, 미국회도서관 소장 자료.

- 이 글의 저본은 그의 마지막 대중 강연이 된 1938년 봄 인디애나주 퍼듀 대학교 연설문이다. 울프는 이 연설을 자신의 글쓰기에 대한 중요한 선언으로 간주했다.

내 경험에 비추어보면 사람들이 그나마 흥미롭게 입에 올리는 게 대개 일에 대한 이야기이고, 나도 여러분께 일 이야기 말고는 별로 들려드릴 이야기가 없어서 일 이야기를 좀 하려고 한다. 내가 여러 달째 쓰고 있는 내 작업장에서부터 이야기를 시작할까 한다. 내 생각에, 머물면서 일을 완성하기만 했다면 거기가 어디인지는 중요하지 않다. 일고여덟 달 전까지 내 작업장은 뉴욕의 오래된 호텔 객실이었다. 그보다 좋은 작업장도 있겠고 호텔보다 더 나은 장소에 작업장을 얻을 수도 있겠지만, 그 작업장은 충분히 제구실을 해주었다. 우선 오래된 호텔이라 객실이 어마어마하게 많았고, 천장이 높았고, 참신한 설비의 새 호텔이라면 없을 수도 있는, 서성거릴 공간이 풍부했다. 다음으로, 뉴욕에 있는 다른 호텔들처럼 비싸지 않았다. 셋째로, 솔직히 말해서 나는 호텔 장기 투숙이 최선의 선택이라고 생각하지 않지만, 뉴욕에서라면 그게 확실히 유리한 것이, 임대 계약에 묶이지 않아도 되기 때문이다. 수입이 불안정하고 때때로 훌쩍 떠나고 싶어지는 작가에게는 굉장한 장점이다.

어쨌든 내겐 작업장이 중요하니까 그 이야기를 좀 더 해보겠다. 내 작업장에는 글을 쓰는 큰 방과 잠을 자는 또 다른 방이 있다. 크기의 문제를 강조할 수밖에 없는 게, 나의 자본주의적 관념은 대개 공간의 크기에서 출발하기 때문이다. 세상에는 사람들이 없으면 불편을 느끼거나 필수라고 여기는 많은 것들이 있는데, 나는 그것들이 전혀 없어도 살 수 있다. 내 사치품은 공간이다. 하필이면 공간이 널리고 널린 미국 땅에서 말이다. 그야말로 역설적 의미에서 사치가 아닐 수 없다. 나는 널찍한 작업장에서 일하고 싶고, 그게 충족이 안 되면 불편하다. 별로 중요할 것도 없어 보이는 문제들에 대해 내가 앞에서 굳이 묘사하고 강조한 것도, 그런 사소한 것들이 내게는 언제나 매우 중요했기 때문이다.

나는 작가다. 여러분들이 작가에 대해 어떤 이야기를 들었는지 모르지만, 내가 겪어보니 작가는 단연코 노동자다. 내 말이 놀라울지도 모르겠다. 대부분이 놀라곤 했다. 가까운 예로, 평생을 내가 아는 그 누구 못잖게 고단하게 일하셨고 오늘날에도 그 연배 누구에게도 뒤지지 않게 민첩하고 원기 왕성하고 적극적인 일흔여덟의 대단한 노인인 나의 어머니도 그 말에 언제나 놀라셨다. 많은 사람들이 그러듯이 우리 어머니도 글쓰기가 노동이라는 사실을 제대로 납득한 적이 없다. 지난여름에 집에 갔을 때, 어머니는 내게 말씀하셨다. "애야, 네가 뭔지 모를 그런 작업을 돈 받아가면서 한다니, 너는 억세게 운이 좋구나. 남들은 **일해야만** 먹고사는데 말이다!" 나는 글쓰기도 노동이라고 입이 닳도록 말씀드려 왔다. 사실 노동 중에서도 중노동이다. 나는 줄곧 그렇다고 주장하고, 어머니는 줄곧 상냥하게 동의하신다. 그러곤 또 줄곧 잊으신다. 그래서 방심한 순간에 심리학자들이 잠재의식이라고 일컫는 당신의 속마음을 종종 내게 들키곤 한다. 어떤 사람은 칼을 삼키는 마술사가 되고 어떤 사람은 왼손잡이 야구 투수가 되는 것처럼, 글쓰기도 특정한 사람들이 타고나는 일종의 묘기요, 재간이어서 누군가 운 좋게도 이런 재간 또는 재능을 타고났다면 스스로 별로 노력하지 않아도 먹고살 수 있다는 식으로 생각하신다는 점이 빤히 보인다. 어머니가 그러시는 건 전혀 이상할 게 없다. 아니, 차라리, 세상천지에 널린 일반적인 생각을, 어머니 자신도 의식하지 못하는 사이에 대변하고 계신다고 보는 게 맞을 거다. 나는 노동자라고, 석수였던 아버지와 똑같은 차원의 고된 육체노동자라고 어머니 앞에서 이야기한다면, 어머니는 분명 놀라실 테고 아마도 충격을 받으실지 모르겠다. 원고로 가득 찬 나무 상자들과 작업대와 여분의 공간으로 이루어진 내 커다란 작업장이 내게 지니는 의미는 묘석, 커다란 트레슬trestle,* 망치, 끌, 화강암 덩어리들이 놓인 작업장이 아버지에게 지녔던 의미와 똑같다고 어머니께 말씀드린다면 어머니는 미소 짓겠지만 내가 또 제멋대로 상상의 나래를 펴고 있다고 여기실 것이다. 그러나 절대 터무니없는 이야기가 아니다. 나는 작가 또는 미래의 작가다. 그리고 작가란 모든 의미에서, 특히나 육체적 의미에서 노동자라는 사실을 체득해 왔다. 작가에게는 다른 어떤 노동자와 마찬가지로 작업장이 있다. 그래서 작업장 이야기부터 시작하려는 것이다. 작업장 이야기야말로 내가 가장 잘 할 수 있는 이야기이고 여러분에게도 가장 흥미로운 이야기일 것이다.

단편소설을 어떻게 쓰면 고료가 후한 잡지에 작품을 비싸게 팔 수 있는지에 대해 이야기를 들려드릴 수 있다면 얼마나 좋을까. 그러나 유감스럽게도 그런 비법은 나도 모르므로 알려드릴 수 없다. 장편소설을 어떻게 쓰면 좋은 출판사의 선택을 받아 베스트셀러 작가가 될 수 있는지를 들려드릴 수 있다면 얼마나 좋을까. 그러나 역시 유감스럽게도 그 비법은 나도 모르므로 알려드릴 수 없다. 사실은 내가 단편소설이나 장편소설이 무엇인지나 제대로 알고 있는지도 모르겠다. 아마도 이에 대해서는

---

* 가대架臺. 조각 작업용 작업대.

비평가들이 열렬히 동의할 것이다. 오늘날 잡지에서 너무나도 자주 보이는 광고, 즉 활력 넘치는 열정적인 신사가 손가락으로 독자를 가리키면서 "당신도 작가가 될 수 있습니다"라고 말하는, 이어서 블루밍턴의 체스터 T. 스너드그래스가 지난해에 자기가 개설한 과정에 등록해서 고작 쉬운 10강만 수강하고도 수입이 세 배가 될 만큼 효과를 톡톡히 봤다고 말하는 현란한 광고에 나는 끊임없이 끌리고 유혹을 느낀다. 거참, 나도 내 수입을 세 배로 늘리기를 간절하게 원할 뿐만 아니라 그 비결을 꼭 한 수 배우고 싶다. 그리고 조만간 그 손가락질하는 열정적인 신사에게 편지를 쓰고 수강 신청을 하려고 한다. 그렇지만 유감스럽게도 나는 여러분께 그런 종류의 도움은 드릴 수가 없다. 그건 내 능력 밖의 일이기 때문이다. 실은 1년 전에 에이전트가 내게 전화해서 떨리는 목소리로 단편 한 편이 〈새터데이 이브닝 포스트Saturday Evening Post〉에 방금 팔렸다고 알려주었다. 그 순간 온 세상이 우리를 중심으로 빙글빙글 돌았고, 곧이어 우리는 환호했다. 우리는 부자가 되었다. 모든 게 쉬워 보였다. 하지만 그건 위험 신호였다. 그 소식이 새나갔고 친구들이 "벌써 〈새터데이 이브닝 포스트〉에까지 진출한 건가?"라고 말을 건넸을 때, 나는 이 정도는 아무것도 아니라는 듯이 득의만면해서 고개를 끄덕여주었다. 머지않아 "와, 이제 〈포스트〉급 작가시네요"라고 말을 붙여온 사람들 앞에서 나는 우쭐대는 모습을 보이기 시작했다. 〈포스트〉가 내 작품에 관심이 너무나 지대한 나머지 그 대표자들 중 한 사람을 통해 내 차기작을 〈포스트〉에 보이기 전까지는 누구에게도 보이지 않겠다는 약속을 강요했다는 이야기를 에이전트가 내게 했을 때도 우리는 그들에게 첫 기회를 주는 것에 관대하게 동의했다. 그리하여 일이 어찌 흘러갔는가 하면, 나는 착실하게 새 단편을 한 편 완성했고, 우리는 이게 첫 작품보다 훨씬 좋을 뿐 아니라 〈포스트〉에 실릴 단편이 갖춰야 할 바람직한 요소를 다 갖추고 있다고 의견의 일치를 보았고 회심의 미소를 지었다. 무슨 말인가 하면, 대화, 인물 묘사, 빠른 사건 전개 등 어느 하나 빠지는 데가 없었고, 특히나 사건 전개로 말하자면, 치카모가 전쟁* 전체를 작품에 집어넣었으니 더할 나위가 없었다. 우리는 이 단편도 첫 작품과 같은 가격에 〈포스트〉에 팔지, 〈포스트〉가 인정한 작가로서 클래런스 버딩턴 켈런드Clarence Budington Kelland** 수준의 고료를 요구하는 게 시기상조인지 아닌지 토론했다. 마침내 너무 가혹하게 굴 것까지

---

*   1776-1794년, 미국 독립 전쟁 시기에 체로키족을 중심으로 한 아메리카 선주민이 영국인 이주자에게 대항하여 벌인 투쟁.

**   1881-1964. 스스로를 '미국 최고의 2류 작가'라고 말한 작가. 수많은 장편소설과 단편소설을 발표했고 여러 작품이 영화로 제작되었다.

는 없지만 일단 그들에게 협조적인 시늉을 하면서 천 달러 정도 인상을 요구해 보기로 의견을 모았다. 우리는 조급하게 굴지 않는 편이 좋겠다고 판단했으므로 그들이 가격을 부를 때까지 2, 3주쯤 기다릴 생각이었다. 그런데 엿새 만에 답이 왔다. 그들은 매우 안타깝게도 그 작품은 〈포스트〉가 원하는 작품이 아니며 특히 사건이 부족하다고 딱 잘라서 거절했다. 세게 한 방 맞은 거다. 그렇지만 우리는 재빨리 정신을 차렸다. 에이전트는 아직 고료가 높은 급에서도 〈레드북Redbook〉, 〈콜리어스Collier's〉, 〈코즈모폴리턴Cosmopolitan〉 등등 기회는 많이 남았다면서 일단 〈코즈모폴리턴〉과 또 다른 빅 매거진 한 곳의 의사를 타진해 보는 게 좋겠다고, 그러면 더 많은 대중에게 내 이름을 알릴 수 있을 것이라고 했다. 자, 내 작품은 테니스공처럼 규칙적으로 빅 매거진들 사이를 튕겨 다니게 되었고, 이쯤에서 우리는 작품을 '격조 있는 단편'이라고 새로 자리매김한 다음, 〈하퍼스Harper's〉, 〈스크리브너스〉 같은 '격조 있는 잡지'의 의사를 타진하기로 결정했다. 그러나 방향의 재설정에도 아랑곳없이 작품은 여전히 공처럼 이리저리 튕겨 다녔다. 나의 용감한 에이전트는 두드릴 문은 다 두드려본 다음, 그러니까 8개월이 흐른 다음, 마침내 임자를 만났다. 작품을 판 것이다! 실릴 지면은 〈예일 리뷰Yale Review〉! 이제 우리에게 〈예일 리뷰〉는 뛰어난, 그리고 훌륭한 출판처였고, 거기에 작품이 실리는 건 누구에게나 자랑스러운 일이어야 했다. 그러나 다른 문제는 제쳐두고, 〈포스트〉와 〈예일 리뷰〉의 고료 차이는 1400달러였다. 〈포스트〉에서 나올 돈으로는 유럽 여행이 가능했지만, 〈예일 리뷰〉에서 나올 돈으로는 고작해야 겨울 외투나 한 벌 살 수 있었다. 그때 내게는 겨울 외투가 절실하게 필요했고 나는 〈예일 리뷰〉에서 받은 수표를 새 외투 장만에 모조리 쏟아부었다. 영국 버버리 상표의, 순모 소재 두툼한 외투였고 가격은 100달러였다. 그런데 그 외투를 산 해에 겨울은 없었다. 겨우내 기온이 영하로 내려가지 않았으니까. 아무튼 그 외투는 아직도 지니고 있다.

그러므로 내게서 소설 잘 쓰는 법, 고료가 높은 잡지에 작품 파는 요령을 구하는 분들이 있다면 번지수를 잘못 찾은 것이다. 그런 요령은 집게손가락으로 여러분을 가리키는 열정에 찬 사람에게 물어볼 일이다. 내가 약속할 수 있는 것은, 〈포스트〉가 채택할 만한 작품 쓰는 요령을 당신이 내게 물어본다면 그 요령을 알려는 드릴 텐데 아마도 당신 작품이 결국 〈예일 리뷰〉에나 팔리게 될 거라는 정도다. 그것도 나름으로 의미 있는 일이다. 그 일로 나는 앞으로 〈포스트〉에 작품을 팔려면 〈예일 리뷰〉를 염두에 두고 글을 써야겠다는 생각을 하게 됐으니까.

내 나이 서른일곱 살이고 적어도 지난 10년 동안 나는 출판하기 위해 글을 써왔다. 지난 9년 동안 내 수입원은 어쨌든 전적으로 글쓰기였다. 나는 진실로 쓰기 위해 살았을 뿐만 아니라 살기 위해 써왔다고 말할 수 있다. 글쓰기는 나의 유일한 생계 수단이었다. 다른 수입원은 전혀 없었다. 그러므로 내가 끊임없이 써왔다면 그것은 먹고살아야 했기 때문이다. 나는 나 자신을 부양해야 했다. 그런가 하면, 나는 또한 진실로 말할 수 있다. 내가 기억하는 한 그 어떤 단어, 어떤 문장, 어떤 문단도 오로지 돈만을 목적으로 쓴 적은 없었다고. 내가 건방을 떨고 있다고 생각하지는 말아주시길. 나도 단어와 문장과 문단을 어떻게 엮으면 당장에 큰돈과 바꿀 수 있는지 제발 좀 알고 싶다. 진짜 그러고 싶다. 그래서 그 검지로 나를 가리키는 열정적인 신사에게 홀딱 빠진 거다. '대중' '경향' '독자층을 염두에 둔 창작' 같은 그의 이야기에 끌리는 것이고. 그러나 아무리 그에게 귀 기울여도 그건 내겐 외계 언어였다. 하나도 알아들을 수 없었다.

말이 나온 김에 마저 정직하게 이야기하자. 지난 몇 년 동안 나는 이제까지 번 것보다 훨씬 많은 돈을 벌 수 있는 몇몇 제안을 거절했다. 나도 작가로서 꽤 이름이 알려졌고 적어도 작품 하나는 2, 3년 전에 베스트셀러 목록에 오르며 꽤 주목을 받았다. 그런데 저번에 내가 직업적으로 글을 쓴 지난 10년 동안 번 돈을 헤아려보니 총 4만 달러가 안 되었다. 그건 물론 대다수 작가들의 수입을 생각하면 큰돈이고 그 총액에 나는 결코 실망하거나 의기소침해지지 않았다. 그렇지만 만약 할리우드에서 날아온 제안을 수락했다면 한 해 동안 벌 돈을 단번에 벌 기회가 내게도 적어도 한 번 있었다. 나는 그 제안을 받아들이지 않았다. 왜냐고? 우선 밝히고 싶은 건 그 이유가 내가 고상한 사람이어서는 아니라는 사실이다. 나는 바로 그 할리우드를 들먹이면서 전율할 공포 소설을 출판했다는 작가들의 이야기를 들은 적이 있다. 그들 중 몇 사람은 나에게도 할리우드의 제안에 관심이 있느냐고 물어보기까지 했다. 작가적 양심을 저버리고 작품을 할리우드에 팔아넘겨 그들의 손에 의해 영화화되게 만드는 변절 행위를 당신이 허락할 수 있겠느냐고. 내 답은 언제나 열렬하고 뜨거운 환영이었다. 할리우드가 내 작품 중 하나를 사들여서 영화화하는 방식으로 나를 능멸하길 원한다면 나는 기꺼이 환영하는 것을 넘어 그 유혹자들의 비열한 구애의 첫 목표물이 되기를 갈망한다. 사실 그 문제에서 내 처지는 독일인들이 마을을 점령했던 밤, 벨기에 처녀의 처지와 똑같다. "잔학 행위가 언제 시작될까?"

그러나 할리우드에서 일하자는 제의가 들어왔을 때 나는 그 일을 하면 내가 그전까지 글을 써서 벌어들인 돈 전액보다 더 많은 돈을 벌 수 있는데도 거절했다. 거듭 밝히건대 내 거절이 고상한 행위였다고는 전혀 생각하지 않는다. 그저 할리우드에 가기 싫어서 안 갔다. 나는 글을 쓰고 싶었다. 내게는 써야 할 글이 있고, 예전에도 그랬고 지금도 그러하고 앞으로도 그럴 것이다. 그게 나에게는 다른 무엇보다도 중요했다. 그게 바로 내가 작가인 이유라고 나는 생각한다.

이야기하다 보니 생각보다 진지하고 근본적인 문제까지 건드린 듯하다. 앞에서 나는 살기 위해서 쓴다고 말한 바 있다. 계속해서 글을 쓰고 그 돈으로 순전히 현실적인 생활필수품을 조달해야만 한다. 어쨌든 글로 그만큼은 벌어야만 하는 것이, 내게는 달리 생활비가 나올 구멍이 없기 때문이다. 글쓰기가 앞으로 생계 수단이 되지 못한다면, 나는 생계를 해결해 줄 다른 수단을 강구해야만 한다. 그런데 만일 그런 일이 생긴다 하더라도, 나는 아마도 어떻게든 글도 쓸 것이다. 앞서도 말했거니와 내 인생에서 글쓰기는 물질적·경제적 필요를 충족하는 수단만은 아니었기 때문이다. 글쓰기는 그보다 훨씬 정신적인 행위였기 때문이다. 어째서? 여러분이 너그럽게 허락해 준다면, 지금부터 그 이야기를 해보려 한다. 내가 들려드릴 수 있는 조금이나마 가치 있고 흥미로울 만한 화제는 그것밖에 없으니까.

그리고 내가 하고 싶은 이야기를 하는 편이, 내가 작가인 것, 여러분이 변호사이거나 의사이거나 엔지니어이거나 회사원인 것 같은, 우연인지 필연인지 모를 사실들에 대한 그다지 중요할 것 없는 이야기를 하는 것보다 의미도 좀 더 있을 것 같다. 한 인간의 경험 너머, 어떤 의미에서는 보편적인 인간의 경험에 대해 이야기할 때, 내 이야기가 조금이라도 중요성이나 가치를 지닐 수 있을 것이다. 내가 나의 일에 대해서, 또 내 일에 어떤 변화와 발전이 있었는지에 대해서 정직하고 진실한 이야기를 들려드릴 수 있다면, 이는 또한 내 내면이 어떤 변화와 발전을 거쳐 왔는지에 대한 이야기이기도 할 것이다. 이는 나와 세상과의 관계 맺음에 대한 이야기로, 일에 대한 나의 생각과 느낌과 신념에 대한 이야기로, 세상에 대한 이야기로 통할 것이다. 어떤 사람이 하는 일이 생명력 있는 일, 그의 정신과 영혼과 생명이 쏟아부어진 일이라면, 그에게 일이란 그가 세상 전체를 내다보는 창일 수 있다고 나는 믿기 때문이다. 그러니, 여러분에게 법학이나 공학이 그렇듯이, 나에게는 글쓰기가 일이자 삶이므로 내가 알고 생각하고 믿는 모든 것은 어떤 방식으로든 내 일인 글쓰기와 밀접하게 연결되어 있다.

내가 열일곱 살이고 내 고향 노스캐롤라이나주 채플힐의 대학생이던 20년 전에, 열일곱 살의 나는 내 친구들과 마찬가지로 '인생철학'에 대해 이야기하길 좋아했다. 우리는 그런 대화에 꽤나 진지했다. 늘 서로 인생철학이 무엇인지 묻곤 했다. 나에게도 분명 인생철학이 있긴 했다는 사실 말고는 그 내용이 무엇이었는지는 잘 모르겠다. 우리는 채플힐 시절에 철학에 깊이 빠져 있었다. 말하자면 '관념'이라든지 '부정否定의 순간' 같은 엄청난 용어를 스피노자 뺨칠 만큼 능숙하게 가지고 놀았다. 내 입으로 말하긴 좀 그렇지만 나도 빠지지 않았다. 열일곱 살에 철학 최고 등급을 받았다면, 요즘 세상 사람들은 놀랄 것이다. 당시 나에게 '관념' 정도는 일상적인 용어였다. 조 루이스Joe Louis*도 울고 갈 정도로 능숙하게 '관념'으로 기선을 잡았다가 '부정의 순간'으로 받아칠 수 있었다. 시시콜콜하게 따지고 드는 일로는 누구에게도 뒤지지 않았으니까. 이쯤 되면 내 이야기가 자기자랑으로 빠져든 게 분명한데, 아무튼 논리학이라면 아무도 나를 따라오지 못할 정도였고, 지난 20년 논리학 수업을 통틀어 내가 가장 독보적인 존재라는 소리를 들었다. 방금 보셨다시피, 철학 이야기라면 특별 발언권을 행사하는 인간이 바로 나다.

오늘날의 인디애나 대학교 학생 세대는 어떤지 잘 모르겠으나 적어도 내가 아는 20년 전 채플힐 학생들에게 '철학'은 매우 중요했다. 우리는 밤새워 철학을 논했다. 신의 존재에 대해 진지하게 토론했고, 진리, 선, 아름다움은 일상적 대화의 주제였

---

*   1914-1981. 12년간 헤비급 세계 챔피언 타이틀을 유지했던 미국의 전설적인 복싱 선수.

다. 그 주제에 대해 저마다 견해가 있었고, 진정 나는 지금도 그 때의 생각을 비웃지 않는다. 우리는 젊고 열렬했으며 그건 나쁘지 않았다. 어느 날 정오에 일어난 일은 내 대학 생활에서 확실히 기억할 만한 일들 중 하나다. 학교에 막 들어서는데 맞은편에서 오던 한 동급생과 마주쳤다. 아마도 이름이 B. C. 존스였을 것이다. B. C. 존스 또한 철학자였고 그가 내 쪽으로 걸어오는 모습을 보는 순간, 나는 그가 극심한 고통에 빠져 있음을 알아차렸다. 빨간 머리에 수척하고 앙상하며 눈썹과 속눈썹도 빨간, 채플힐에 오기 전 원시 침례교파였던 그가 내 쪽으로 걸어오는데, 머리, 눈썹, 속눈썹, 눈, 주근깨, 심지어 길고 앙상한 손가락 관절까지도 지나칠 정도로 심하게 빨갰다.

그는 우리가 입회 의식을 열고 일요일 산책을 하던 고결한 숲인 배틀파크에서 오는 길이었다. 그곳은 또한 우리가 어떤 철학적 문제를 붙들고 고전할 때 홀로 향하곤 하던 장소였다. 우리는 그 숲에서 '황야 체험'을 견뎠고, 그 과정을 끝냈을 때 의기양양하게 숲에서 나왔다. B. C.는 지금 막 숲에서 나오는 길이었다. 그는 내게 말하기를 열여덟 시간 동안 숲속에 있다가 나오는 참이라고 했다. 그의 '황야 체험'은 훌륭했다. 그는 캥거루처럼 공중으로 풀쩍풀쩍 뛰면서 내달려 내게로 왔고, 그가 내뱉은 처음이자 유일한 말은 "관념을 얻었어"였다. 그러곤 나를 지나쳐 갔다. 어리둥절한 상태로 고목에 붙박인 나를 내버려둔 채, 그 굉장한 소식을 군중에게 전하려고 캥거루처럼 걸음마다 또는 한 걸음 건너 풀쩍풀쩍 뛰면서 가던 길을 갔다.

이 일 또한 나는 비웃지 않는다. 그때 우리는 젊었지만 진지하고 열렬했으며 저마다 자신의 철학을 품고 있었다. 그리고 이게 핵심인데, 우리에게는 우리의 '철학자'가 있었다. 그는 기품 있고 존경할 만한 사람이었다. 20년 전만 해도 웬만한 대학에는 그런 위대한 인물이 있었고, 나는 지금도 그렇기를 바란다. 50년 동안 그는 주 전체를 통틀어 가장 뛰어나고 앞선 인물이었다. 가르칠 때 그는 헤겔학파로 알려진 사람다웠으니, 고대 그리스에서 시작해 대단한 일련의 전개 과정을 거쳐 헤겔에, 그리고 헤겔 **이후**에 이르는 그의 학구적 추론 과정은 정교했다. 헤겔 **이후**에 대해서 그가 우리에게 해답을 주지는 않았지만 우리는 그 자리에 우리의 노대가를 앉혔다.

되돌아보니 이제 그 모든 일이 중요해 보이지 않는다. 우리 철학자의 '철학' 말이다. 되돌아보건대 그건 기껏해야 얼기설기 이어 붙인 체계였던 것 같다. 정말 중요한 것은 그 사람 자체다. 그는 훌륭한 스승이었고 그가 우리를 위해서 한 일, 그가 그 주에 사는 사람들을 위해 50년 동안 해왔던 일은 자기 '철학'의 설파가 아니었다. 그는 자신의 깨어 있음, 독창성, 사고력을 전하고 싶어 했다.

그는 우리가 생전 처음 질문하는 지성에 눈뜰 수 있게 자극해 주었고, 그 점에서 그는 우리에게 새 생명을 불어넣어 준 셈이다. 그는 우리에게 생각하고 질문하기를 두려워하지 말라고, 곰팡내 나는 생래적 믿음, 지역적 편견을 비판적으로 돌아보고 편협한 관습을 직시하고 그것에 도전하라고 가르쳤다. 그런 식으로 그는 우리에게 강력하고 영향력 있는 존재였다. 우리 주 어디에 가나 보이던 편협한 사람들은 그를 싫어했다. 그러나 그의 제자들은 그를 우상처럼 떠받들었다. 그가 뿌린 씨앗은 자랐다. 헤겔, 개념, 부정의 순간은 다 사라져버리거나 그것들의 출발점인 혼란스럽고 장황한 체계로 녹아든 다음에도, 가르침의 핵심은 남았다.

그맘때쯤 나는 글을 쓰기 시작했다. 대학 신문의 편집자로 일하면서 늘 고고학 관련 기사를 썼다. 전달 뉴스에 나왔던 유적이나 유물을 이번 주 대학 신문에서 자세히 다루는 게 재미났기 때문이다. 그 일 말고도, 내가 편집진의 일원이던 어떤 잡지를 위해 단편소설이나 시도 썼다.

그때는 전쟁 중이었다.* 나는 입대하기엔 어린 나이였고, 이 초기 습작들에 전쟁에서 받은 직접적이고 애국적인 영감을 창

---

* 1차 세계대전(1914–1919)을 말함.

의적으로 반영했던 듯하다. 그중 유독 시 한 편을 지금도 기억한다. 내 최초의 시이고, 직접적으로 카이저 빌Kaiser Bill*의 재수 없는 머리를 겨냥한 시다. 반항적으로 '도전'이라는 제목을 붙였고, 제임스 러셀 로웰James Russel Lowell**의 시 〈당면한 위기〉의 양식과 운율을 차용해서 썼던 걸로 기억한다.

시작부터 고조된 어조였던 것도 기억한다. 흔히 시인은 예언자이자 시대를 노래하는 방랑자요, 자신이 속한 민중을 대변하는 선각자의 혀라고들 한다. 나도 그 모두를 자처했다. 궁지에 몰린 민주주의의 이름으로, 나는 카이저를 처단했다. 그중 이 두 행이 귀에 울리는 듯하다. "너는 우리에게 도전장을 던졌다/ 개 같은 네놈, 대가를 치르고 꺼져라." 내가 이 시행을 또렷이 기억하는 것은 그게 당시 편집 회의에서 논쟁거리가 되었기 때문이다. 편집진 중 좀 더 보수적인 사람이 '개 같은 네놈'이라는 표현이 너무 세다고 본 것이다. 카이저를 그렇게 불러서는 안 된다는 게 아니라 그 표현이 시의 높은 도덕성과 우리 잡지의 문학적 품격을 심하게 훼손한다는 거였다. 나는 격렬하게 항의했지만 결국 그 표현은 삭제되었다.

---

*　　1859-1941. 독일의 마지막 황제 빌헬름 2세. 1차 세계대전 종전 후 강제 퇴위되었다.

**　　1819-1891. 미국의 시인이자 정치가.

그해에 내가 또 다른 시를 쓴 것도 기억난다. 멀리 총성이 터지는 가운데 플랑드르의 밭을 갈다가 두개골이 나왔어도 묵묵히 하던 일을 계속한 어느 농부에 관한 시로 1918년 봄에 썼다. 단편도 있었다. 한 오래된 가문의 겁쟁이 아들이 참호를 뛰어넘는 최후 돌격에 용감히 나섰다가 전사함으로써 명예를 회복했다는 내용이 담긴 내 첫 단편 〈버지니아의 컬렌든A Cullenden of Virginia〉이다. 이 작품들은 내가 기억하는 한 내 창작 활동의 첫 결실로, 지난 전쟁의 짙은 그림자를 뚜렷하게 엿볼 수 있다.

내가 이런 얘기들을 한 이유는 오로지 지난 20년 동안 내게 무슨 일이 일어났는지를 알리기 위해서이기도 하고, 때로 몇몇 친구가 내게 던졌던 비난과도 연관이 있기 때문이다. 이를테면 그들 중 나보다 많아야 서너 살 위인 한 친구는 자칭 '길 잃은 세대(로스트 제너레이션Lost Generation)'라는 주장에만 사로잡힌 사람이다. 그는 그 세대의 매우 요란스러운 일원이었고 열성으로 나를 그 안에 끌어들이려 했다. 그는 "너도 우리 세대 사람이야"라고 말하곤 했다. "그뿐만 아니라 너는 우리와 어울렸잖아. 도망치려 들지 마. 싫든 좋든 너는 우리 세대의 일원이야."

그들이 그 황량함의 유령을 끌어안는 일에 그토록 맹목적으로 매달리는 것도 정말 놀랍거니와, 만일 그 친구가 '길 잃은 세대'에 속해 있기를 **원한다면** 그건 그가 알아서 할 일이다. 그러나 나까지 끌어들일 수는 없다. 내가 선택되었다 해도 그건 내 뜻이 아니었다. 그러니 나는 빠지겠다. 나는 내가 '길 잃은 세대'에 속한다고 생각하지 않으며, 그렇게 생각해 본 적도 없다. 나아가, 암중모색하며 나아가는 어느 세대나 길 잃은 세대일 수밖에 없다는 의미에서라면 몰라도, '길 잃은 세대'의 실체가 있기는 한지 의심스럽다. 사실 최근에 와서 드는 생각은, 우리나라에 실제로 길을 잃어버린 세대라는 것이 존재한다면 중년 고개를 거의 다 넘은 사람들, 다름 아닌 1929년 이전의 언어를 아는 사람들이 거기 해당하지 않을까 싶다. 그들은 확실히 길을 잃어버렸다. 그러나 나는 그 세대가 아니며 그 어디에서도 어떤 종류의 길 잃은 세대에도 속한 적이 없다. 그러나 변함없는 사실을 말하자면, 나는 길을 잃어버렸다. 그리고 나는 이제 그런 느낌조차 별로 없다. 그에 대해 이야기하고자 한다.

서른일곱 살은 인생의 경험을 요약하기에는 많이 이른 나이이고 여기서 그럴 생각도 전혀 없다. 그러나 서른일곱 살은 비록 많은 것을 깨달을 만큼 대단한 나이는 아닐지라도 약간 깨닫기에는 충분한 나이다. 더 정확하게 말하면, 사람이 자기 삶을 돌아보고 지난날의 어떤 사건들이나 시절을 당시에는 미처 갖추지 못했던 균형 감각과 시각으로 이해하기에 충분한 나이라고 생각한다. 내가 지금 그런 나이에 이르렀고, 지난 시절들 저마다가 내 작업을 바라보는 시야뿐만 아니라 인간과 생활, 세상과 나 사이 관계 맺음에 대한 시야까지 뚜렷하게 변화시켰고 발전시켰으므로, 그 이야기를 해보려고 한다.

편의상 오늘 밤 여기 앉아 있는 여러분들 대다수의 나이일 것으로 짐작되는 스무 살 언저리에서 이야기를 시작한다. 내가 학부를 졸업한 것도, 언젠가 작가가 되려고 노력하게 될 것 같다는 생각이 내 안에 조심스럽게 싹튼 것도 그맘때다. 그때는 그저 망설이고 주저하면서 그런 마음을 몰래 품는 데서 감히 더 나아가지 못했고, 그 뒤로, 과감하게, 진심을 다해 작가의 길로 나 스스로를 밀어 넣기까지 적어도 6년이 걸렸다. 그러므로 1920년쯤부터 1926년까지 이어진 이 첫 주기에서부터 이야기를 시작할까 한다.

그 시절의 나를 사실 그대로 돌아보자면 유감스럽게도 나는 그다지 상냥하지도 싹싹하지도 않은 젊은이였다. 늘 덤빌 기세였고 온 세상을 끝장내려 들었다. 내 호전성은 당연히 나의 글쓰기, 내 삶의 지향점과 연관되어 있었다. 내가 때때로 그토록 공격적인 모습을 보이고, 거만하게 굴고, 내가 원하는 일들을 해낼 능력이 있는지 의심하는 사람들 앞에서 큰소리친 건 아마도 내 능력에 대해 속으로는 전혀 그렇게 시건방지게 확신하는 상태가 아니었기 때문일 것이다. 용기를 잃지 않으려고 휘파람을 불어댄 셈이다.

대학을 졸업한 1920년에 나는 고작 열아홉 살이었고, 나보다 더 당황스럽고 난처한 사람은 아마 이 세상에 없을 거라고 짐작했다. 그 시절 표현으로 '제 밥벌이하라고' 대학에 보내졌는데, 내가 받은 대학 교육의 총체적 효과란 나를 전혀 준비된 게 없는 상태로 남겨놓은 일밖에 없었다고 해도 과언이 아니다. 나는 미국의 가장 보수적인 지역 중 한 곳, 미국 생활의 좀 더 보수적인 요소들을 간직한 곳 출신이다. 내가 아는 한, 한 세대 전까지만 해도 우리나라 사람들은 모두 시골 사람들이었고, 이렇게든 저렇게든 땅에 기대어 먹고살았다. 그들이 너도나도 '도회지로 이동하고' 중고 건축 자재상이나 토건업자 같은 사업가가 된 것은 고작 지난 세대 동안의 일이다. 나의 아버지는 평생을 노동자로 사셨다. 열두 살 때부터 힘든 육체노동을 해오셨다. 엄청난 능력과 굉장한 지력을 타고난 분이었고, 제도 교육의 혜택을 박탈당한 수많은 사람들과 마찬가지로 나의 아버지도 자기 아들에게는 야망을 품었으며 아들이 야망을 갖길 바랐다. 그러나 이런 부류의 사람들은 제도 교육이 마술적 실용성을 발휘한다고 믿기 마련이다. 대학이라는 마술의 문을 통과한 사람은 지식의 저장고로 들어갈 수 있을 뿐 아니라 성공의 보증서를, 직위든 돈이든 세상으로부터 마땅히 받아야 할 막대한 물질적 보상에 대한 마술적 권리를 손에 쥐게 될 거라고 믿는 것이다. 나아가, 그런 부류의 사람이라면 성공이란 지난날이 증명해 주는 몇몇 길로만 통한다고 믿을 것도 당연하며, 나의 아버지가 나를 위해 점지한 길은 법학이었다. 아버지 자신이 평생 법을 공부하겠다는 야망을 품고 사셨는데, 어쩌다가 가난한 집안에 태어나서 법 공부의 길이 막혀버린 것이 내내 한탄스러우셨을 테고, 어찌 보면 아버지는 자신의 야망을 대리 실현해 줄 자식으로 나를 선택하셨던 거다. 1920년에 이르자 내가 어쨌든 법률가가 되지는 않을 것임이 이미 판명이 났다. 그때쯤 아버지는 늙고 병들어서 살날을 한두 해밖에 남겨놓지 않은 상태였으므로, 나는 내가 아버지를 통탄스러울 만큼 실망시켰음을 깨달았다. 그 이유만으로도, 내 안에서 들끓는 글 쓰고 싶은 욕구를 스스로 인정하는 것조차 힘들었다. 그래서 나는 처음 자신에게 글쓰기를 허락할 때 두루뭉수리한 타협책을 썼다. 언론계를 지망하며 그중에서도 신문사 일을 찾고 있다고 나 자신에게 설명했다. 돌아보면 그 결정의 이유는 불 보듯 뻔하다. 그때는 그렇다고 생각했는데, 사실 내가 신문 기자 일을 향한 열망에 불타올랐을 가능성은 거의 없고, 글쓰기와 밥벌이를 동시에 어느 정도 해결하려면 신문 기자가 되는 수밖에 없다고 믿었던 거다.

가족들에게 작가가 되고 싶다고 솔직하게 툭 터놓고 이야기하는 것은 그때로선 불가능했다. 그들 머릿속에도 내 머릿속에도 작가란 우리와는 까마득히 동떨어진 종류의 인간, 바이런 경이나 롱펠로나 어빈 S. 코브Irvin S. Cobb처럼 책을 내거나 〈새터데이 이브닝 포스트〉 같은 잡지에 실릴 시, 단편소설, 장편소설을 쓸 수 있는 신비한 능력을 타고난 낭만적인 인물, 그런 이유로 매우 기이하고 불가사의한 종류의 인간, 그 삶이 매우 기이하고 불가사의하고 찬란한 인간, 어떤 기이하고 불가사의하고 찬란한 세상, 우리가 경험한 삶이나 세상과는 동떨어진 세상에서 온 인간으로 자리 잡고 있었기 때문이다.

위의 사실들은 그 시대 모든 사람의 마음속 '작가'의 상을 꽤 정확하게 드러내 보여주며, 실은 오늘날에도 별로 다르지 않을 것이다. 우리 가족만 봐도, 내가 작가가 되었다는, 또는 내가 작가로 불린다는 충격에서 아직도 완전히 벗어나지 못했다. 그러니 내가 스무 살 때 작가가 되기로 결심했다고 드러내놓고 말했다면 그들은 틀림없이 경악했을 것이다. 실제로 나중에 그렇게 선언했을 때도 경악했고. 그만큼 그들에게는 내가 작가가 된다는 게 기상천외하고 가당치 않은 이야기였다. 작가가 된다는 것은 요즘 말로 '이룰 수만 있다면 멋진 일'이었다. 바이런 경이나 롱펠로나 어빈 S. 코브 같은 작가가 될 수만 있다면 과연 얼마나 멋진 일인가. 그러나 노스캐롤라이나주 번컴 카운티 애슈빌에서 자란, 애슈빌의 길거리에서 〈새터데이 이브닝 포스트〉를 팔았던 소년이(내가 진짜 신문을 팔았었다. 그게 유일한 작가 수업이었다고 할까), 어느 날 자기가 작가라고, 또는 작가가 될 거라고 식구들 앞에서 주장하는 것은 거의 미친 짓이나 다름없었다. 이 일로 가족들은, 바이올린 배우기에 빠져 지내는가 하면 짐 삼촌에게 50달러를 빌려 골상학 강의를 들은 적도 있는 그릴리 삼촌의 지난날을 상기했다. 나는 이미 그릴리 삼촌과 많이 닮았다는 말을 들어온 터에, 몰래 품어온 소망을 털어놓으면 두 사람이 아주 빼다박았다는 말을 듣게 되리라는 것도 잘 알았다.

참 고통스러운 상황이었다. 그런가 하면 여러모로 재미있는 상황이었다. 늘 있는 인간적이고 미국적인 상황으로도 보이고, 여러분에게도 틀림없이 익숙한 상황일 것이다. 어쨌든 이 상황은 몇 해 동안 내 삶의 방향에 영향을 끼치게 된다. 졸업하던 해 여름에는 여러모로 일이 잘 풀려서 하버드에 갈 돈이 생긴 덕택에 대학원에 1년 다녔다. 그다음에는 또 2년치 학비를 가까스로 해결해 도합 3년 동안 대학원에 다녔다. 그때 겪은 일들의 의미를 나는 이제 비로소 좀 더 분명히 이해할 수 있다. 그때는 하버드에 가고 싶은 이유가 뭔지도 분명하지 않았다. 그저 시간을 벌자는 생각이었고, 진로에 대해 명확한 판단이 서지 않은 상태였을 뿐이다. 그런데도 하버드에 가면 대학원 과정을 공부하고 석사 학위를 딸 기회를 잡게 될 것이고, 공부와 학위는 나중에 뭘 하든 유용할 테니 가는 게 맞다는 쪽으로 강력하게 기울었다. 진짜 이유는 글을 쓰고 싶은 거였고, 하버드행은 비록 막연했지만, 그럼에도 불구하고 그 꿈에 더 다가가려는 노력이었다. 나는 채플힐에서 프레더릭 코크Frederick Koch 교수의 지도 아래 단막극을 쓴 경험이 있었다. 코크 교수는 내 학부 시절에 부임했고, 이제는 '캐롤라이나 플레이메이커스'라는 유명한 극단이 된 단체를 처음 조직했다. 이 극단은 내가 쓴 단막극 중 여러 편을 꽤 성공적으로 무대에 올렸으니, 이미 고인이 된 조지 피어스 베이커George Pierce Baker 교수의 '47 워크숍' 입학 허가를 내가 하버드에서 도모한 것은 자연스러울 뿐만 아니라 거의 필연적인 일이었다. 그리하여 하버드에서 내 대학원 과정은, 비록 몇몇 다른 과정도 이수했고 그 과정에서 석사 학위도 따기는 했지만, 주로 희곡 쓰기에 집중되었다.

그때를 기점으로 내 생애의 또 다른 국면이 전개되었다. 하버드에서 나는 생애 최초로 세련된, 적어도 그 시절의 내 눈에는 매우 세련돼 보이는 젊은 집단과 어울려 지내야 하는 환경에 던져졌다. 글을 쓰겠다는, 작가 지망생이라는 소심하지만 남모를 우쭐함을 품고 살던 나와는 달리, 그들은 내놓고 작가연했다. 당당히 작가를 자처했을 뿐만 아니라 경악스럽게도, 내가 작가라고 생각해 왔던 수많은 사람을 전혀 작가로 치지 않았다. 기지 넘치는 화려한 대화가 만발했을 때 끼어들려고 우물쭈물 애쓰다 보니, 어떤 느닷없는 충격도 받아낼 준비가 되어 있어야 한다는 느낌이 왔다. 예를 들어 스무 살짜리 채플힐 애가 비슷한 또래 하버드 애한테 "골즈워디*의 〈투쟁Strife〉 읽어봤어?"라고 간절하게 물어보았는데, 질문을 받은 애가 천천히 눈살을 찌푸리고, 천천히 담배 연기를 뿜어 올리며 천천히 고개를 가로저으며 체념 섞인 유감이 실린 말투로 "어쩌나, 난 그 사람 작품 못 읽겠던데, 왠지 그냥 안 읽히더라고. 미안!" 하고, 마치 그런 말을 해서 정말 안됐지만 어쩔 도리가 없다는 듯이 말꼬리를 올려 대답했을 때, 채플힐 애는 당황하지 않을 수 없었다.

그들에게는 '미안한' 일이 널려 있었다. 되돌아보면 그 시절 주요 극작가들 중 그들의 혹평을 피할 인물은 거의 없었던 듯하다. 이를테면 쇼는 '재미'는 있었으나 극작가가 아니었고 희곡 쓰기에 대해 전혀 배운 게 없는 작가였다. 그들은 오닐도 지독하게 후려쳤다. 대화는 어설프고 인물은 정형화되어 있다고 했다. 감상에 치우친 배리는 견딜 수 없는 작가였고, 피네로나 존스 같

---

* 존 골즈워디(John Galsworthy, 1867–1933). 영국의 소설가, 극작가. 1932년에 노벨문학상을 받았다.

은 부류의 작품은 이미 낡아서 우스꽝스럽다고 했다.* 사실 우리가 속한 작은 특별한 집단을 제외한 거의 모두에게 그들은 기대 이하라는 판정을 내렸다. 그리고 그 작은 특별한 집단 구성원들끼리도 절대 서로를 믿지 않았다. 말하자면 '당신과 나 말고는 다 틀렸고 당신조차도 거의 틀렸다'는 식이었다.

어떤 면에서 이 극도의 비판성은 나에게 무척 유익했다. 나는 당대 최고로 숭앙받고 평가받는 인물들, 지난날 나를 가르친 사람들이 내게 답습시켰고 내가 너무나 무비판적으로 받아들였던 권위의 소유자들을 훨씬 더 비판적이고 회의적인 시선으로 바라봐야 한다는 것을 깨달았다. 문제는 그러다 보니 창백하고 괴팍스러울 뿐만 아니라 창작 작업에 내용과 영감을 제공하기에는 너무나 삶과 동떨어진, 사소하고 지나치게 미시적인 예술지상주의 담론에 포위되어 버렸다는 데 있다.

10년 또는 15년 전에 굳게 믿었던 것들을 소환하여 점검해 보는 것은 흥미로운 일이다. 그 영민했던, 예술에 새로운 가치를 더하고자 했던 젊은 남녀들. 우리는 '예술과 아름다움'에 대해

---

* 조지 버나드 쇼(George Bernard Shaw, 1856–1950), 제임스 배리(James Barrie, 1860–1937), 아서 피네로(Arthur Pinero, 1855–1934), 헨리 존스(Henry Jones, 1851–1929) 모두 영국의 저명한 극작가이고, 유진 오닐(Eugene O'Neill, 1888–1953)은 노벨문학상을 수상한 미국의 극작가.

엄청나게 떠들어댔다. '예술가'에 대해서도. 지금 돌아보면 그 시절의 퇴적물은 전부 해로운 것들이었다. 삶의 생기 넘치는 소재와 경험이 부족한, 예술가에게 필수인 실질적인 삶의 부대낌이 부족한 젊은이에게 그것들은 불건강한 깐깐함의 언어와 공식을 제공했기에 해로웠다.

우리는 '예술가'에 대해 입이 닳도록 이야기했는데, 돌아보면 그때 우리가 품었던 '예술가'의 이미지는 일종의 미학적 프랑켄슈타인이 아니었나 싶다. 살아 움직이는 인간을 떠올린 게 결코 아니었다. 예술가가 일단 살아 움직이는 인간이 아니라면, 즉 삶에 밀착된 인간, 삶에 속한 인간, 삶과 연결된 인간, 삶에서 힘의 원천을 끌어내는 인간이 아니라면 대체 어떤 종류의 인간이란 말인가.

우리가 이야기했던 예술가는 살아 있는 사람이 전혀 아니었다. 그가 우리가 대화와 상상을 통해 부여한 실체는 아니지만 어떤 실체라도 가졌다면, 그는 자연이 창조한 가장 기괴하고 비인간적인 별종이었을 것임이 틀림없다. 우리가 이야기한 그 예술가는 삶을 사랑하고 믿는 게 아니라 삶을 증오하고 삶으로부터 도망쳤다. 그랬기 때문에 우리가 쓴 수많은 희곡 속에서, 그 예민하고 비범한 인간들, 재능을 타고난 인간들, 예술가들은, 삶에 치이고 사람들에게 오해와 비웃음을 받고 동네 사람들의 편협함과 비열한 지역주의 탓에 배척당하고 쫓겨났으며 천격인 아내에게 배신당하고 창피당하다가 마침내 군중의 조직된 힘에 의해 으스러지고 입막음되고 산산조각이 났다.

우리가 그토록 토론만 해댔던 이 예술가는 삶과 하나가 되는 대신에 분리되었으며, 세상에 다가가지 못하고 끊임없이 세상으로부터 도망쳤다. 세상 자체가 맹수와 같았고 그 예술가는 맹수에 사로잡힌 반인반수처럼 벗어나려고 버둥거렸다. 그 총체적 결과는 불가피하게도 현실도피주의라는 철학이자 미학의 개발이었다. 예술가라는 이름을 빌려 특별할 뿐만 아니라 특혜 받는 인물을 창조하려 들었다. 보통 사람을 지배하는 인간의 율법의 지배를 받지 않는 인물, 보통 사람이 휘둘리는 것과 똑같은 욕망, 감정, 열정에 휘둘리지 않는 인물, 말하자면 굴 속 진주와도 같은, 자연이 낳은 아름다운 이변과도 같은 인물을.

그런 경향이 나 같은 인물에게 미칠 영향은 쉽게 추정할 수 있다. 그때 처음으로 나는 나 자신에 대한 의심, 불안감, 내 능력에 대한 자신감 결여, 원하던 바를 성취할 수 있다는 확신 부족을 가려줄 일종의 갑옷, 반짝이고 정교한 방어물을 갖추었다. 그러자 내 욕망이나 의도를 관철하는 문제에서 나는 거만스럽도록 공격적으로 행동하게 되었다. 남들이 그러듯이 전문 용어를 써가며 말하기 시작했고, '예술가'에 대해 이러쿵저러쿵 지껄이기 시작했고, 냉소적이고 경멸하는 어조로 '부르주아', 말하자면 속물적인 중산층 실업가들을 입에 올리기 시작했다. 그때 우리는 그 딱지를 우리가 형성한 아주 작고 소중한 동네에 속하지 않은 사람이면 누구에게나 무차별적으로 붙였던 게 아닌가 싶다.

또 유감스럽게도, 우리가 '예술' '예술가', 그리고 우리가 하고 싶은 작업에 대해 이야기할 때 헌신과 겸손의 언사를 동원하곤 했지만, 사실 우리 내면에 들어앉은 것은 젠체하기였다. 우리는 남보다 우월하다고, 희귀종이라고 생각했다. 이는 대체로 자기기만이었다. 겸손과 인내와 인간에 대한 이해 없이는 진정으로 우월한 존재가 될 수 없고, 힘과 재능 그리고 진정한 힘과 재능에서만 나오는 자기희생 없이는 진정으로 희귀하고 드높은 존재가 될 수 없기 때문이다. 우리는 생각만큼 희소하고 재능 있는 사람들이 아니었다.

어쨌든 당시에 유행하던 미학의 갑옷으로 무장한 나는 하버드를 떠나 뉴욕에서 여러 해 머물며 일했다. 낮에 학생들을 가르쳐서 육체를, 밤에 희곡을 써서 영혼을 부양했다. 그 기간 내내 일도 세상과의 관계도 점점 잘해 나갔다고는 말하지 못하겠다. 오히려 나는 점점 더 날카로워져 갔던 듯하다. 내가 잘되기를 확신하며 고향 집에서 보내오던 따뜻한 응원도, 하버드 대학 교정 한구석의 세련된 동지들의 따뜻한 지지도 끊어진 상황과 마주해야 했기 때문이다. 나는 그 큰 도시에서 혼자였고, 생계를 해결하면서 내 갈 길을 헤쳐나가야 했다. 일과 야망에 관한 한 난생처음 나는 위기에 직면했다. 직설적으로 말하자면 뭔가 보여주든지, 아니면 입을 닥쳐야 할 상황이었다. 세상 사람들 앞에서 나 자신이 옳다는 것을 증명해야 했을 뿐 아니라 나 스스로 나의 믿음, 확신, 자존심을 검증해야만 했다. 어떤 젊은이에게라도 인생의 시련기였을 게 분명하고, 창작의 길에 들어선 젊은이에게라면 더욱더 그랬을 것이다. 이 시기는 조롱이나 비웃음의 대상이 되어서는 안 된다. 왜냐하면 자신의 본모습, 그리고 일의 적나라한 진실에 직면한 때이기 때문이다. 그를 도울 수 있는 것은 오로지 그 자신이며, 그의 힘은 자신 안에 있으며, 그는 자신 안에서 그 힘을 끌어내야 한다. 그럴 수 없다면 그에게는 희망이 없다. 그러나 이 시기는 또한 젊음의 반항과 건방짐에 대해서, 젊음의 격렬한 혼란, 세상과의 불화에 대해서 많은 것을 설명해 준다. 이미 그 길에 두 발을 다 들여놓은 나였기에 그때는 압박감과 고통의 시간이었다. 되돌아가는 것도 타협도 불가능했으므로 벼랑 끝에 내몰린 형국이었다. 결과적으로, 내 뿌리를 통째로 뽑아 던지며 가족, 고향, 지난 인간관계와 같은 내 과거의 삶에서 거의 완전히 떨어져 나왔다. 그러고 나니 나 자신과 나의 일밖에는 남은 게 없었다. 내가 일을 거의 신앙처럼 여기게 된 게 아마도 그때부터일 것이다. 일로써 나 자신을 구원할 수 있다는 사실만은 분명하다고 생각했기 때문이다. 내가 일을 원하고, 할 일이 있다는 사실 또한 분명했다. 이는 엄청나게 중요한 사실이라고 나는 생각했다. 쓰고는 싶지만 일하기 싫어하는 사람이 엄청나게 많고, 예술가가 되는 일에 대해서 말하기는 좋아하지만 예술가가 되는 데 필요한 정신적·육체적 소모와 집중은 전혀 경험해 보지 못한 사람들 또한 엄청나게 많기 때문이다. 그러므로 무척이나 혼란스럽고 고통스러웠던 그 시절, 어찌 보면 실수로 점철된 그 시절은 결코 시간 낭비가 아니었다. 그 시간 동안 일의 필요성이 얼마나 대단한지 차츰 깨달았으니 말이다.

  내 개인적 행복감은 별로 자라지 않았다. 오히려 대학을 떠난 뒤 여러 해 동안 계속 실패와 거절만 겪으면서 점점 줄어들었다. 우연한 계기로 희곡에 발을 들여놓기는 했지만 여전히 희곡을 쓰려 애쓰고 있었고, 나는 희곡만이 내가 쓸 수 있고 쓰고 싶어 하고 써야만 할 유일한 분야라고, 희곡을 쓰지 못하고 희곡으로 성공할 수 없다면 내 인생은 실패라고 굳게 확신하기에 이르렀다. 이는 잘못된 정도가 아니라, 내가 희곡에 재능이 출중하다고 가정하더라도 터무니없이 잘못된 생각이었다. 그런데 실은 재능이 뛰어난 것도 아니었다. 압축, 성격 묘사의 제약, 장면의 제한성 같은 무대극의 특수한 요건들이 실은 나와 맞지 않았다. 그 시절 내가 썼던 희곡들은 연극 제작의 채산성과 사업성을 감안할 때 장면과 등장인물이 너무 많았고, 배경이 될 장소가 다양했던 점도 내가 진짜 쓰고 싶어 하는 글이 희곡이 아닐 수도 있음을 여실히 드러내 보여주었다. 내 안에 숨은 강력하고 힘센 무엇이 무대가 물리적으로 수용할 수 있는 범위를 넘어서, 삶이라는 대극장을 더 충만하고 광활하고 풍부하게 담고자 모색하고 있었다. 조만간 봇물 터진 듯이 터져 나오게 될 그 무엇이었다. 1926년에 나는 그 실체를 확인했고, 내 창작 인생의 한 장이 그렇게 흘러갔고, 나는 새로운 장을 열었다.

나는 그해 여름에 파리에 있었고 새로운 시작을 위해 한 장씩 뜯어 쓰는 메모장을 샀고 거기에 이것저것 긁적거리기 시작했다. 나는 오로지 이 메모장에만, 플롯이나 구상을, 때로는 두서도 없이, 흘러나오는 대로 이어 썼다. 실제로 내 첫 책을 쓰기 시작한 것은 그해 가을, 런던에서 여러 달 머물 때였다. 이듬해 초에 미국으로 돌아왔을 때는 책의 서두 부분이 완성되어 있었다. 나는 뉴욕에서 예전에 고용되어 있던 대학에서 일하면서 날마다 작업을 이어갔다. 마침내 1928년에 책의 초고가 완성되었고 여기서 이야기할 엄두도 못 내겠지만 아무튼 나로 하여금 마침내 나는 망했다고, 긴 시간 내가 작가라고 생각한 것은 착각이었다고 단정하게 만든 갖은 우여곡절과 좌절 끝에, 내 원고를 방금 다 읽었다는 한 편집자의 편지를 받았다.* 그때 나는 빈에 있었다. 나는 미국으로 돌아가서 그 편집자를 만났고 약간의 토론을 거쳐 책의 출판이 성사되었다. 그다음 몇 달은 퇴고에 매달렸고 1929년 가을에 책이 나왔다. 그렇게 내 창작 인생의 또 다른 한 장이 완성되고 새로운 장이 시작되었다.

한동안 나는 첫 책이 1929년 10월에 세상에 나왔다는 사실이 나름으로 의미심장하다고 여겼다. 내게는 이때가 어떤 면에서 경력의 출발점이었다. 그러나 그때는 미처 몰랐거나 의심해 보지도 않았던 또 다른 여러 의미에서, 내가 믿었던 수많은 것들, 신념들의 종점이기도 했다. 많은 이들이 지난 전쟁을 그들 삶의 어마어마한 분기점으로 여긴다. 세상이 전쟁 이전과 전쟁 이후로 나뉘었다고. 그러나 나만의 경험으로 말하자면, 둘로 나뉜 세상에 대한 이야기를 글로 써야 한다면 1929년을 그 분기점으로 삼아야 한다는 생각이 든다. 실로 그해는 지금 되돌아보건대 내 삶에서 가장 잊을 수 없는 분기점이 되었다.

이미 이야기했거니와 그 이전까지 한 인간으로서 또 작가로서 나는 나름으로 뚜렷한 단계 변화를 거쳤는데, 그 단계들은 그 시대에도, 그 시대 다른 많은 젊은이의 삶에도 아주 익숙

---

* 이에 대한 이야기는 이 책 1부에 자세히 나온다.

한 것들이었다. 나는 평범한 소읍 한 가정의 아들로 태어나, 이십 대 초에 작가가 되기로 결심하면서 글쓰기의 길로 들어섰다. 앞선 세대와는 확연히 다른 방식의 삶인데, 그게 그 시대 사회의 경향성을 뚜렷이 보여주는 조짐이기도 했다. 수많은 청년들의 글쓰기를 향한 열망 말이다. 나는 변화와 개발이 한창인 시대를 살았다. 그게 그 시대의 특징이었다. 그 시절 나는 '예술' '아름다움' '예술가'에 대해 이야기하는 미학적 거들먹거림의 단계를 거쳤다. 예술가가 아닐 뿐만 아니라 '예술가'를 결코 이해하지 못하고 완전히 다른, 동떨어진 세상에서 사는 '부르주아' 속물과 장사치를 나는 경멸했다. '아름다움'과 '예술'을 창조하기보다는 그것들에 대해 이야기하는 데에 훨씬 많은 시간을 썼을 그 시절은, '부르주아 계급'이란 누구며 어떤 사람들인지 알아보기보다는 그들을 경멸하고 비웃는 데 훨씬 많은 시간을 썼을 시절로 이어졌다. 그러다가 내가 일을 해야 하는 시기로 접어들면서 나는 일, 그것도 힘들고 창의적인 일이란 무엇인지 처음으로 알게 되었고, 마침내 '예술'과 '아름다움'에 대해 이야기하기보다는 그것들을 창조하는 데 더 시간을 쓰기 시작했다. 그리고 드디어 첫 성취의 단계에 이르렀다. 나는 작품을 완성했고, 그 작품이 출판사의 선택을 받았고, 내 글을 인쇄한 종이가 표지에 감싸여 세상에 나왔고, 대중이 내 글을 읽을 수 있게 되었다.

나는 이렇듯 뚜렷하고 긴밀하게 연결된 일련의 발전 과정을 거쳐 내 생애의 커다란 한 주기를 완성했다. 나는 1929년에도 아는 것이 그다지 많지 않았지만, 1920년에 알았던 것보다는 훨씬 많이 알게 되었다. 무엇보다도, 글쓰기가 중노동이라는, 필사적으로 매달려야 하는 중노동이라는 사실을 알게 되었고, 누구든 좋은 작품을 완성하려면 온 힘을 다해 집중해야 하며, 간혹 섬광처럼 스쳐 지나가는 우연한 영감에 의지하지 말고 목적 달성을 위해 열심히, 끊임없이 써야 한다는 사실을 알게 되었다. 마지막으로, 내가 쓸 수 있다는 사실을, 내가 글을 끝까지 마무리할 수 있고 좋은 편집자를 만나 그것이 출판되도록 할 수 있다는 사실을 알게 되었다. 이런 사실들을 알게 됨으로써 내가 얼마나 무한히 안도했는지는 말할 필요도 없는 것이, 그 안도감이 그때까지 가져본 적 없던 내 능력에 대한 자신감을 불러일으켜 주었기 때문이고, 실패와 좌절로 점철된 긴 세월 동안 타격을 입었던 자존심과 나 자신에 대한 믿음과 내가 하고자 하는 일에 대한 믿음을 회복시켜 주었기 때문이다.

분명 1929년의 나는 1920년의 나보다 더 현명했고, 더 강했고, 더 확고했다. 이제 더는 누구든 덤비라는 태세로 살지 않았고, 인간관계에서 예전처럼 반항적이거나 자주 오만해지는 모습을 보이지 않았다. 원하는 바를 해낼 수 있음을 나 자신에게 증명해 보여야 한다는 내면의 아우성이 사그라진 탓이었다. 그렇지만 과거의 어리석음이 여전히 꽤 많이 남아 있었던 것은 아닐까. 내 앞에서 젠체하고 까다롭게 굴던 1923년 하버드의 그 심미주의자들을 1929년의 나라면 웃어넘길 수 있지만, 누군가 1929년의 나에게 왜 쓰느냐고, 왜 작가를 지망했느냐고, 왜 계속 쓰느냐고 물었다면 나는 몇 해 전에 했던 것과 똑같은 답을 했을 것이다. 나는 '예술가'에 대해 이야기했을 것이고, 아마도 여전히 예술가를, 또 예술가와 사회의 관계를 낭만적이고 비현실적으로 인식하고 있었을 것이다. 유감스럽지만 나는 또 '예술'과 '아름다움'에 대해서 장광설을 늘어놓았을 것이다. 속물들과 장사치들을 그렇게 가혹하게 비판하지 말았어야 했고, '부르주아'를 1923년에 그랬던 것만큼 오만하게 경멸하지 말았어야 했건만, 나는 여전히 그들을 일종의 미학적인 높은 경지에서 내려다보며 그들은 다른 세상 별개의 질서에 속한다고 여겼을 것이다. 1929년에 나는 삶에, 사람들에게, 나를 둘러싼 세상에, 미국에, 예전보다는 훨씬 더 가까이 다가갔지만, 여전히 너무 멀리 떨어져 있었고, 충분히 가까워졌다고는 할 수 없었다.

그러나 이전 몇 해 동안 나는 실제로 일을, 일의 필요성을 경험했다. 내가 실제로 일을 했다는 사실이 나를 삶에 훨씬 더 가까이 끌어당겨 놓았고, 사람들의 삶을 더 잘 이해할 수 있게 해주었다. 그리고 내 첫 책이 출간되기 직전 세 해 동안 내가 했던 일에서 내가 크게 배운 바는, 일은 본질적으로 나의 정신과 감정으로 하여금 삶 속으로 가장 깊게, 그리고 강렬하게 파고들도록 요구한다는 것이었다. 여기서 삶이란 내가 알았던 삶, 나를 만들어낸 것들의 전체 구조와 틀로 보면 나는 그 일부에 불과한 삶, 다시 말해 내 고향의 삶, 내 가족의 삶, 내가 떠나온 사람들의 삶을 의미한다. 나는 이 모든 것에 대해 예전보다 더 많이 알게 되었지만, 훗날에는 다시, 이때도 충분히 알지는 못했음을 깨닫게 된다.

우선 내 작품은 여전히 내가 거쳐온 여러 단계, 발전의 여러 시기, 당시의 특별한 미학적 신념과 신조를 명백하게 드러내 보여주었다. 사람들은 이런 소설을 자전적 소설이라고 부르는데, 나는 그 명칭의 정의에 동의한 적이 없다. 이유는 단순한데, 내가 보기에 누가 썼든 모든 소설, 모든 창의적인 글은 자전적이기 때문이다. 그럼에도 불구하고 내 첫 작품이 개인적이고 특별한 의미에서 자전적인 것은 사실이다. 독자가 주인공의 삶과 저자의 삶을 결부시키는, 다시 말해 책에 나오는 인물과 사건의 상당 부분이 작가 자신의 경험에서 그대로 가져온 게 아닐까 의심하는 게 가능하니까. 나는 내 첫 소설을 몇 년째 열어보지도 않았지만, 이 작품의 가장 큰 약점이 바로 그 자전적이라는 점이라고 생각한다. 작품 전체를 통틀어 주인공의 캐릭터가 가장 약하고 설득력이 떨어지는데, 그것은 그 인물이 경험의 소산일 뿐만 아니라 그 시기의 낭만적 예술지상주의로 잔뜩 채색된 탓이다. 간단히 말해서 그는 '예술가'이되 '하버드 47워크숍'에서나 통할 예술가였다. 속물, 장사치, 소읍, 가족이라는 자신의 주위 환경과 충돌하는, 상처 입고 예민하고 비범한 존재 말이다. 그 당시에도 나는 그 인물이 불만이었다. 그를 불안하고 자의식 과잉인 인물이라고 여겼던 것은 아마도 나 자신이 그를 불안해하고 지나치게 의식했기 때문이었던 듯하다. 이런 의미에서 이 작품은 익숙한 전철을 밟는다. 조이스가《젊은 예술가의 초상A Portrait of the Artist as a Young Man》으로, 이어서 당시 내 작업에 크나큰 영향을 끼친《율리시스》로 그 길을 냈다. 그러나 나는 또한 젊음의 타는 듯한 강렬함이 내 작품을 잉태하고 빚어냈다고 생각한다. 그 당시에는 몰랐지만, 이 작품은 말하자면 일종의 격정적인 감정 배설이요, 쏟아내야만 해서, 말하지 않을 수 없어서 토해낸 뜨거운 절규였다. 이런 사실을 그때는 알지 못했기에, 이 지점에서 또다시 나는 새롭게 배우기 시작했다.

책은 다시 한번 평범하지 않은 길로 접어들었다. 대체로 온 나라에서 좋은 평가와 좋은 반응을 얻었고 첫 책치고는 판매 성적도 괜찮았는데 내 고향이 문제였다. 그쪽 반응은 이제껏 내가 겪어보지 못했을 뿐 아니라 그 누구도 겪어보지 못했을 강도의 분노와 분개였다. 간단히 말하자면 내 고향 사람들은 책을 세계 연감의 한 부분처럼 읽었다. 내용에서 몇 가지 사실을 발견하자마자 다른 모든 내용이 곧이곧대로 사실이고 글자 그대로 의도되었다고 거의 즉각적으로 확신했다. 그리하여 너무나 격분한 나머지 나와 내 책을 각각, 또 싸잡아서 맹렬히 비난했다. 교회 설교단에서, 길거리 모퉁이에서, 언론을 통해 비난했고, 기명, 무기명의 편지로 비난했고, 갖은 모욕과 교수형, 총살, 그밖에 온갖 살해 위협을 가했다. 오해에서 비롯된 격분과 분노는 수그러들 줄을 몰랐다. 책이 출간된 순간부터 나는 고향에서 추방당한 게 분명했다. 나는 고향 땅에 갈 엄두를 내지 못했고, 내가 귀향을 원하고 실행에 옮기기까지 그 뒤로 7년이 걸렸다.

이건 당혹스럽고 견디기 어려운 상황이었다. 내 기대와는 완전히 어긋난 고향의 반응에 한동안 나는 지독한 슬픔과 실망감과 원통함에 휩싸였다. 고향 사람들의 동의와 박수갈채를 받을 수 없다는, 고향 사람들의 좋은 평가를 받는 데 실패했다는 사실을 견디기가 너무나 힘들었다. 주위 사람들과 불화한 예민한 젊은이가 마침내 내몰림을 당해 고향을 떠날 수밖에 없는 게 내 소설의 기본 줄거리인데, 실제로 그런 일을 당하고 보니 그 이야기를 통해 드러내고 싶었던 주제에 대한 내 신념은 더 굳어졌다. 그 일이 내게 일어났고, 거기서 끝이었다면 아마도 나는 내가 잘못한 탓이라고 믿고 인정하면서 더 큰 슬픔의 나락으로 떨어졌을 것이다. 그러나 다행스럽게도 다른 문이 열렸다. 집에서 배척당하자 다른 곳에서 나를 받아주었다. 내 고향 사람들에게 내 작품이 분노와 분개심을 일으켰다면 그보다 훨씬 더 많은 일반 대중은 내 작품을 내가 의도한 방향으로, 하나의 작품으로서, 허구로서, 창의적 상상력의 결과물로서 읽어주었다. 내 책이 가치 있는 것은 내 고향 사람들에게만 해당하는 진실이 아니라 포틀랜드 사람이건 디모인 사람이건 세상 어디에 사는 사람이건 공유할 수 있는 진실을 다루었기 때문이다.

그리하여 내게 1929년은 한 여정의 종착점이자 또 다른 여정의 시작점이었고, 그때는 몰랐으나 지금 돌아보면 내가 순진무구했구나 싶은 각기 다른 여러 가지 일의 종착점이자 시작점이었다. 대체로 나는 그 여러 일에 대해 밝고 기분 좋은 쪽으로 받아들였다. 비록 내가 유배자의 외롭고 절박한 심정이었다 해도, 내 지난날을 모조리 뿌리 뽑힌 심정이었다 해도, 이제 새로운 시작이라고도 느꼈기 때문이다. 마침내 세상에 책을 내놓으니, 안정되고 생산적이며 행복한 앞날이 펼쳐질 것 같은 느낌이었다. 그때 내가 알지 못했던 허다한 사실 중 하나는, 창작 생활을 지속하기를 바라고 계속 성장하고 발전하기를 바라는 사람에게 이제 행복하게 안정되었다는, 시작할 때의 기분이 죽 계속될 거라는 낙관은 망상이자 덫에 불과하다는 것이다. 누군가 창작을 향한 진정한 욕망과 능력을 가지고 있고 더 성장하고 발전할 저력이 있다고 해도, 탄탄대로 같은 건 있을 수 없다는 사실을 나는 그때 몰랐다. 글쓰기에 대해 완전히 감을 잡기는커녕 알게 된 것이 도대체 아무것도 없다는 사실을 몰랐다. 나는 간신히 첫발을 내디딘 셈이었고 끽해야 내가 뭔가 해낼 수 있다는 것을 알게 되었을 뿐이었다는 사실을 몰랐다는 거다. 나는 처음으로 간신히 첫 운을 뗀 셈이었는데, 매번 다시 운을 떼기까지가 전번보다 더 힘들고 어려울 뿐만 아니라 완전히 다른 작업이 되리라는 것을 몰랐다. 매번 새롭게 죽을힘을 다해 매달려야 하고 그것은 완전히 처음으로 되돌아가 다시 시작해야 하는, 자아와 일 사이 해묵은 적나라한 진실들과 다시 맞대면하는, 나를 구제하고 이끌어줄 힘은 바깥 그 어디가 아닌 내 안에서 나온다는 사실을 재확인하는 새롭고도 오래된 자각에 이르는 과정임을 몰랐다.

이제 나는 다시 더 심화된 단계로 넘어가고 있음에도 더 깨우쳐야 할 것들이 여전히 많았다. 나는 세상은 변한다는 사실을, 세상은 늘 변한다는 사실을, 세상은 참으로 끊임없이 영원히 진화하는 상태라는 사실을 미처 몰랐다. 사람은, 무엇보다도 창의적인 사람은 살고 성장하려면 세상과 함께 변화해야만 한다는 사실도 미처 몰랐다. 1929년에 이르러서도 나는 깨닫지 못했다. 내 경험과 훈련이 낳은 관념들이, '예술가' '예술' '아름다움' '사랑'에 대한 관념이, 자기 집단의 속물들에게 배척당하고 그들로부터 도망친 상처 입은 예민한 자에 대한 관념이, 그 모든 것이 세상의 구조에 영원토록 고정되어 있는 것처럼 보였으나, 사실 잠시 지나가는 허상이었으며, 그 시대 미학적 믿음과 교리의 한 조각이었음을. 나는 내 인생과 경력에 직접적으로 영향을 미쳤기 때문에 내게는 매우 중요한 해인 1929년이 당시에는 미처 몰랐던 또 다른 다양한 의미에서, 미국과 미국인의 운명에 영향을 미칠, 인간의 신념에 영향을 미칠, 그리하여 지금 보면 두 세계를 가르는 분기점이 될 결정적이고 중요한 해라는 사실도 깨닫지 못했다. 1929년의 사회 구조, 다시 말해 금융 경제, 정치, 정부 체제의 실상이 어떠한지, 그리고 그것들이 국민의 삶을 어떻게 틀 짓고 좌우하는지에 대해 나는 백지상태였고, 그런 것들을 반문하고 점검하는 데 관심을 둔 적도 없었다. 그것들을 검토하는 것은 예술가의 존재 이유이자 기능이며, 더욱이 예술가가 창작을 계속하기 위해서는 그러한 참여와 점검이 불가피하다는 사실을 1929년에 누군가 나에게 알려주었더라도 나는 분명 그런 귀띔을 완전히 무시했을 것이다. 나는 예술가의 존재 이

유와 기능은 자신을 둘러싼 세상에 어떤 사회적 함의가 있는지와 무관하게 진실되고 아름다운 것을 창조하는 것이라고 말했을 것이다. 나는 아마도 거기서 더 나아가 경제, 정치, 정부, 사회 구조 따위에 예술가가 관심을 보이는 것은 예술가의 삶이나, 아름다움과 진실을 창조하는 예술가의 작업 영역 밖이며, 예술가가 그런 관심이 자기 작업에 끼어들도록 허용하는 것은 적절하지 않을뿐더러 작업에 해를 끼친다고 말했을 게 틀림없다.

내가 더는 그렇게 생각하지 않는다는 사실, 그리고 어떻게, 왜 생각을 바꾸었으며 얼마나 크게 바꾸었는지에 대해 밝히는 일은 내가 최근 도달한 발전 단계를 드러내는 일이 될 터이고, 지금 그 이야기를 해보려고 한다.

내 첫 책이 나오고 7개월쯤 지난 1930년 5월 초, 나는 해외에 1년 머물 예정으로 출국했는데 그때 미국의 대공황은 이미 상당히 진행된 상태였다. 그런데도 나는 개인적인 눈앞의 관심사에 열중한 나머지 무슨 일이 벌어졌는지 거의 모르고 있었다. 아니, 나는 그때 뉴욕에서 살고 있었고 내가 아는 매우 많은 사람들이 이렇게 저렇게 그 사건에 연루되어 있었기에 월 스트리트의 '붕괴'에 대해, 즉 그 일련의 사건 전말에 대해 알고 있었다. 나는 소설 쓰기에 열중해 있었던 그 이전 몇 해 동안 세상 사람들의 삶 여기저기에 전면적인 변화의 바람이 불어닥쳤다는 것을 알아차렸던 터라, 분야와 계층을 막론하고 이 일과 관련이 없는 사람은 거의 없음을 대충 알고 있었다. 훗날 어떤 잊지 못할 기억들이 되살아나곤 했다. 이를테면 1928년 10월 빈에서의 어느 날이 그렇다. 주식 시장이 절정에 이르러 있었는데 중년의 남녀가 섞인 한 무리의 미국인들이 하나같이 여행사 바깥에 있는 커다란 관광버스 좌석에 널브러진 채 〈뉴욕 헤럴드 트리뷴〉지 파리 판의 주식 면에 코를 박고 있었다. 1927년 여름에 내 고향 노스캐롤라이나주에 갔을 때, 많은 내 또래 고향 친구들이 뉴욕 사람들의 주요 관심사 하나에 나보다 더 열렬하게 매달려 있다는 사실을 발견하고 경악했던 기억도 있다. 고향 마을 중심가의 사무용 빌딩들 중 한 곳에 있는 중개인 사무실에 주식 시세표가 나붙은 것도 처음 보는 광경이었는데, 지역 부동산 투자와 뉴욕 주식 투자 양다리 작전을 펴는 젊은이들에게 이곳이 일종의 만남의 장으로 굳어진 듯했다. 고향 읍내 자체도 투자 광풍에 휩싸여 있었다.

내 주위 도처에서 날이면 날마다 이 나라에, 이 나라 사람들에게 내가 전혀 알 수 없는 일이 일어나고 있음을 암시하는 섬광이 번쩍거렸다. 이를테면 최신 증시 뉴스에 열중한 택시 기사를 어디 가든 볼 수 있었고, 신문 파는 소년들은 최신 주가에 훤했다. 내가 가르치던 대학에서는 일부 강사들이 박봉으로 주식 투자를 하고 있었다. 친구들을 통해서도 그 열기를 강하게 감지했다. 그중 하버드 시절에 알았던 두 젊은이는 그때 라디오 글쓰기 프로그램에 고용되어 있었는데 다른 친구들 대부분이 그랬듯이 주식 시장에 꽤 많은 돈을 투자한 상태였다.

배우였다가 라디오 프로그램 감독이 되었는데 정신은 온통 주식 투자에 팔려 있던, 주식으로 크게 재미를 봐서 이미 한 재산을 거머쥐었다는 소문의 주인공도 기억난다. 그가 대폭락이 닥치자 하룻밤 만에 어떻게 알거지가 되어버렸는지도 기억한다. 그는 소리 없이 피 흘리다 죽음에 이르렀다. 불과 며칠 사이에 벌어진 일로, 정맥 출혈이 시작되자 아무도 막을 수 없었다. 스펀지에서 물이 스며 나오듯, 숨을 거둘 때까지 그의 몸에서 피가 스며 나왔다. 그리고 그의 장례식이 있었다. 아니, 영결 예배라고 하는 게 맞겠다. 그 시절에는 너도나도 매우 근대화되어서, 망자를 땅에 묻을 때까지 길게 이어지는 으스스한 장례 절차를 피하고 싶어 했으니까. 유족 측은 망자의 친구들에게 장례가 아주 약식으로 기분 좋게 치러질 거라고 빠짐없이 연락을 돌렸다. "토니도 이런 방식을 선호할 겁니다" "예배는 아주 간소하게 진행됩니다" 하는 식으로. 그리고 의식은 실로 너무나 짧아서 거의 자리에 앉기도 전에 끝났다. 목사가 일어나서 5분쯤 이어지는 쾌활한 설교를 하더니 토니는 밝고 쾌활한 성격이었으니 친구들이 모두 이곳에 모인 걸 알고 틀림없이 무척이나 행복했을 거라는 둥 이런저런 이야기를 했다. 그걸로 장례 의식이 끝났고 모두가 악수를 하고 줄지어 밖으로 나갔고 토니의 죽음에 대해서는 누구도 입도 뻥긋하지 않았다. 그의 시신은 그날 아침에 조용히 소각되었기 때문에 문상객들에게 그가 죽었다는 사실을 일깨울 만한 어떤 불편한 요소도 남아 있지 않았다.

월 스트리트 중개인이었고 그의 가족과도 알고 지낸 또 다른 인물도 기억한다. 그 가족은 내 지인 중 최상층 사람들이었는데 내 책이 나오자 파크애비뉴에 자리한 으리으리한 아파트로 저녁을 먹으러 오라고 초대했다. 멋지고 남의 눈길을 확 끌게 생긴 남자들과 무척이나 아름답고 화려한 여자들이 와 있었는데 그 중개인이 급작스레 축 늘어졌다. 그는 원래 언제나 말쑥하고 쾌활했으며 오토 칸Otto Kahn*처럼 왁스 칠을 해서 끝을 뾰족하게 올린 콧수염에 얼굴은 통통하고 발그레한 남자였다. 이제 그 콧수염의 뾰족한 끝만 남고 모든 것이 사라졌다. 그는 마치 풍선처럼 터져버렸다. 심지어 그의 볼에서 통통하고 발그레하던 기운조차 사라져버려, 오래된 사과처럼 시든 모습이 되어

---

* 독일 출신 미국의 금융업자 오토 헤르만 칸(Otto Hermann Kahn, 1867-1934). 예술 애호가, 수집가이며 메트로폴리탄 오페라, 뉴욕 필하모닉, 아르투로 토스카니니, 조지 거슈윈 같은 여러 예술 단체와 예술가를 후원하기도 했다.

버린 채 자신의 으리으리한 아파트 거실 불가에 쪼그리고 앉아 있었고 눈부시고 화려한 사람들이 그의 주위를 돌아다녔다. 어깨에 담요를 두르고, 하녀들이 유리잔에 뭔가 담아 건네주면 받아 들던 늙은이. 그가 불 앞에 앉은 채 흔들리며 쪼그라들 때 무언가 그에게서 스며 나오는 것만 같았다.

나는 이 모든 광경을 1930년 나라 밖에 머물 때 보았는데, 그때까지 그것은 아직 그들의 개인적 비극이나 사건이었을 뿐, 내가 인지하고 있던 더 중대한 일은 아니었다. 돌아보건대, 나와 동년배의 지식인이나 예술인 중에 당시 벌어진 일들에 대해 나보다 더 많이 알아차렸던 사람이 있었다고는 말하지 못하겠다. 파리에는 그때까지도 고국을 떠난 미국인들의 대규모 집단 거주지가 있었다. 그중에는 그곳에 돌아온 지 얼마 안 되는 이들도 있었고, 그들이 한창 열을 올리던 지적인 쟁점은 고전주의 대 낭만주의였다. 사실 이 화제는 내가 배를 타고 유럽으로 향하던 1930년 5월 9일 밤에 최고로 무르익었다. 최고로 명석한 일군의 현대 사상가가 카네기홀에서 어빙 배빗Irving Babbitt* 교수와 토론을 벌였기 때문이다. 문화의 미래가 위기에 처한 상황이었기에, 그날 밤 예술의 향방 전체를 판가름할 중대한 쟁점들이 다

---

*   1865-1933. 하버드 대학교에서 프랑스 문학과 비교문학을 가르쳤던 미국 비평가.

뤄지고 가닥 잡힐 터였다.

　나로 말하자면 또 다른 책에 대한 생각, 첫 책을 낸 뒤로 여러 달째 시간을 흘려보냈다는 생각, 고향에서 내 첫 책이 불러일으킨 엄청난 소음으로 인한 내 감정의 소용돌이에 빠져든 나머지 다음 책을 향해 한 걸음도 나아가지 못했다는 생각에만 빠져 있었다. 나는 시간이 내 목을 세게 조여오는 것을 느끼고 있었다. 당장 일에 돌입하여, 구겐하임 재단 지원금 덕분에 나라 밖에서 보내는 이 한 해를 잘 활용해야 했고, 가능하면 귀국할 때까지 새 책을 완성해야 했다. 그때 국가 재정에 닥쳐온 위기에 내 생각이 미쳤던들 그저 특수하고 국소적인 사태, 대체로 월 스트리트라 불리는 곳, 그리고 그곳에서 일하는 특별한 집단에만 영향을 미칠 사태로 받아들이지 않았을까? 나는 그 줄기가 어디로 얼마나 다양하고 복잡한 방식으로 뻗어 나가며 서로 엮여 거대한 그물망을 이루고 있는지 미처 몰랐다. 나는 뉴욕에서 살고 있었고 그 폭발의 굉장하고 극적인 번쩍임을 보았지만, 둔탁하고 무지막지한 폭발, 큰 덩어리가 서서히 분리되면서 칙칙한 폐허 위에 덜컹거리며 나뒹구는 광경은 아직 미래의 일이었다. 나는 그에 대해 몰랐고, 앞날을 내다보지 못했다. 후버 씨*가 여전

---

*　허버트 클라크 후버. 미국 31대 대통령. 대공황 당시 재임했다.

히 수시로 사람들을 안심시키며 최악의 상황은 지나갔다고 장담했으니까. 나는 파리에서 5월부터 초여름까지 석 달을 보냈고 일했다. 거기서 미국인 몇 사람을 보았다. 짧은 여행 중인 젊은 여성 두 명과 그들의 오빠, 동생이었는데 그중 한 남자의 길게 기른 턱수염이 진한 붉은색으로 변해 모두가 재미있어했다. 그들은 국립 도서관 뒤 광장에 있는 작고 저렴하지만 매우 쾌적한 호텔에 머물고 있었다. 멋진 날씨였고 광장에는 나무들과 작은 연못이 있었다. 나는 점심을 먹으러 거의 날마다 그곳에 가곤 했다. 그들 중 한 젊은 여성이 커다란 은제 셰이커에 차갑고 쩡한 칵테일 만드는 자기만의 방법을 알고 있었다. 그다음에 우리는 다 같이 아래층 작은 레스토랑 정면 길가 자리로 내려가 점심을 먹으며 늙수그레한 남자들이 책을 잔뜩 들고 국립 도서관의 끝없이 이어지는 계단식 좌석을 가로질러 앞뒤로 비척거리면서 지나가는 광경을 재미있어하며 바라보았다. 또 다른 젊은이, 늙은이가 함께 도서관 옆 비싸고 소문난 매음굴의 문으로 들어갔다 나오는 걸 바라보는 게 가장 재미있었다. 우리가 점심 식사를 다 마친 다음에는 붉은 턱수염을 가진 남자가 몇 주일에 걸쳐 다루는 법을 배운 자신의 아코디언을 꺼내곤 했다. 그는 연주했고, 때로 우리는 노래를 불렀다. 그러고 나면 나는 일을 하러 숙소로 돌아갔고, 다른 사람들도 제각기 흩어져 갈 길을 갈 것이다. 우리는 저녁에 다시 만날 약속을 잡곤 했다. 즐거웠던 여름날의 일이다.

   7월, 8월, 9월에는 스위스에 있었다. 작지만 아주 깨끗한 몽트뢰의 한 호텔에 방을 잡았는데, 내 방에는 너른 석조 발코니가 있었고 그 아래로는 벨벳 천에 꽃들을 수놓은 듯한 잔디 정원이 믿을 수 없을 정도로 푸른 호수까지 50야드(약 45미터)가량 죽 펼쳐져 있었다. 호수 건너편에는 프랑스 쪽에 면해, 그게 거기 있다는 사실이 믿기지 않아 두 번 쳐다보게 되는, 그러고도 반신반의하게 되는 알프스산맥이 서 있었다. 매우 고요했고 아래쪽에서는 주방 고용인들의 일상적이고 친숙한 목소리만 들려왔다. 이따금 호수 위를 지나가는 희고 깨끗한 백조를 닮은 증기선이 배를 대고 순식간에 사람들을 토해내고 새로 싣고는 다시 떠나갔다. 그 시간에 나는 내 책 작업에 매달렸고 이따금 1, 2마일 거리인 브베에 사는 스콧 피츠제럴드Scott Fitzgerald를 만났고, 스위스 음식이 너무 무덤덤하게 느껴질 때 두어 번 비행기를 타고 요리가 무덤덤하지 않은 프랑스의 디종, 리옹, 심지어 마르세유까지도 날아갔다. 그 여름은 그렇게 흘러갔다. 9월 말, 그러니까 그해 초가을에, 나는 프라이부르크의 슈바르츠발트에 있었다. 프라이부르크는 멋진 도시였고 슈바르츠발트에는 신비와 마법이 감돌았다. 일몰이 가까운 시간, 시골 여관에 머물다가 수확이 끝나 텅 빈 들판을 비스듬히 비추던 태양이 식으며 슈바르츠발트의 비탈 위로 저무는 광경을 바라보던 기억이 난다. 나는 또 기억한다. 홍예문을 통과해 길로 내닫던 암소 떼를, 그 똥이 여기저기 말라붙은 엉덩이를 후려치던 금발의 열네 살 소년을. 암소 떼가 거리로 들어설 때 울려 퍼지던 꽉꽉하고 딱딱하고 둔탁한 발굽 소리를. 천지에 완연히 감돌던 건초와 마구간과 거름의 냄새를. 총선거가 다가오면서 국민들이 흥분해 있었던 것도, 선거일에 프라이부르크가 들썩였던 것도 기억한다. 그 선거에서는 스무 개가 넘는 정당이 경합했는데 나치당과 공산당이 첨예한 관심사였으며 공산당이 400만 표를 얻었다.

10월 초에 나는 영국에 있었고 내 책의 발행인,* 내가 아는 또 다른 사람들을 만났고, 이때 처음으로 둔하고 숨죽인 폭발음을 들었다. 미국에 식량 배급 줄이 있다는 것도, 폭동이 계속되고 있다는 것도, 지역에 따라 상황이 극단으로 치닫고 있다는 것도 그때 알게 되었다. 미국에 별로 호감을 가져본 적이 없을 것만 같은 나의 젊은 출판인이 이렇게 험악하게 말했던 걸 나는 기억한다. "유혈 사태로 가고 있습니다, 유혈 사태로요. 저쪽 사람들은 잔인해요. 국민이 죽어가도록 내버려둘 겁니다. 앞으로 두고 보세요."

---

* 1930년에 《천사여, 고향을 보라》의 영국판이 나왔다. 여기서 발행인은 영국판의 발행인을 말한다.

다른 사람들은 흥분과 놀라움에 휩싸였다. 미국에 무슨 일이 일어난 것이냐고 내게 물어댔다. 오래도록 그들은 미국의 엄청난 번영, 높은 임금, 승용차로 출근하는 목수와 공장 노동자에 대해 들어왔다. 그러다가 너무나도 갑작스럽게 똑같은 그 미국 사람들이 굶주리고 있으며, 한 잔의 커피와 굳은 빵 한 조각을 얻으려고 거리에 길게 줄을 서고 있다는 신문 기사를 읽게 된 것이다. 어떻게 이럴 수 있느냐고 그들은 내게 물었고, 나도 어안이 벙벙했다. 모든 일이 너무나도 폭발적으로 터져서 어떤 대답도 떠올릴 수 없었다. 미국 땅에서는 하룻밤 사이에 땅에서 봄이 터져 올라오듯이, 또 그만큼 급작스럽게 가버리듯이, 그러면 여름이 찾아오듯이, 모든 일이 그렇게 폭발하듯 돌발적으로 일어나곤 한다는 생각만 문득 들었다. 그 봄과 여름이 끝난 고국에 이제 황량함, 차갑고 쓰라린 궁핍이 찾아온 것이다.

바깥이 지독한 황색 안개에 둘러싸인 11월의 어느 아침, 나는 일어나자마자 마침내 고국이 파국을 맞았음을 확인했다. 그날 아침 〈데일리 메일Daily Mail〉에 실린 토막 기사는 고국의 은행이 도산했음을 알렸다. 그것은 내가 아는 많은 사람이 파산했음을 의미했기에, 나는 전보를 쳤다. 곧 은행의 도산과 고향의 붕괴를 자세히 알리는 내용의 편지가 왔다. 미국 역사상 유례없는 심각한 파산과 붕괴였다. 내 고향은 큰 도시가 아니었지만 그 붕괴의 완벽함과 광범위함에서 단연코 유례가 없었다. 은행은 정부, 기업, 도시 전체의 생산과 소비 구조를 다 끌어안은 채 고꾸라졌다. 그 세부 내용이 쏟아져 들어오면서 대참사의 실제가, 부패한 그물망의 전모가, 투기와 어음과 인플레이션과 사기의 거대한 벌집이 드러난바, 이는 10년에 걸쳐 공공 부문이 열렬하게, 규제를 곁들여, 취기와 히스테리를 차곡차곡 누적한 결과였다. 그리하여 이제 모든 것이 무너져 내린 것이다. 마을의 생명만이 아니라 그 마을 주민 모두의 생명이 함께. 이는 나라 전체를 휩쓴 열병 지옥도의 소름 끼치는 한 부분이었다. 그런데 이제 1년 전에 뉴욕에서 내가 알았던 어떤 남자가 그랬던 것처럼, 내가 평생 알았던 수백 명이 소리 없이 피 흘리며 죽었다. 마을 전체가 피 흘리며 죽었다. 그 첫 몇 주일 사이에 수십 명의 목숨이 날아갔으니, 그들은 충격으로, 비통해서, 좌절하고 낙담하고 절망해서 죽었다. 그런가 하면 그들의 목숨을 앗아간 수천 명 넘는 사람들은 살아남았다. 나는 내가 도울 수 있는 사람들에게 돈을 부쳤고, 겨울이 지난 뒤에 저술에 매달렸으며, 그 이듬해 이른 봄인 3월에 귀국했다.

상황은 바뀌어 있었다. 마치 모든 사람이 음산한 잿빛 날씨에 적응한 듯했다. 도처에서 이른바 불황으로 인한 비극만 들려왔다. 지식층의 삶도 엄청나게 바뀌었다. 변화는 다양한 측면에서 너무나도 갑작스럽게 닥친 듯했다. 열 달 전에 고전주의와 낭만주의의 가치를 두고 격렬하게 토론하던 뛰어난 사고력과 재능을 가진 젊은이들, 오래도록 경멸에 찬 국적 이탈자의 삶을 살아왔던 그 젊은이들이 하루아침에 경제 전문가가 되었다. 그들은 완전히 새로운 언어와 사고로 무장하고 있었을 뿐 아니라, 그들에게 지금과 다른 언어와 사고를 지녔던 시절이 있었다고는 짐작조차 할 수 없을 정도였다. 그들은 마치 강보에 싸였을 때부터 그래왔다는 듯이 혁명적인 운동을 이야기했다. 반면에 고작 열 달 전까지만 해도 적극적으로 참여했던 무슨무슨 학파며 난해하고 광적인 소집단들을 앞장서서 비웃었다. 여러 달 전에 파리에서 만났고 나와 같은 배로 귀국했던 어떤 사람만 해도 이 돌연한 전향의 표본이었다. 그가 걸어온 길은 과거의 얼치기 예술애호가 행태를 여실히 보여준다. 막대한 재산을 소유한 가문의 자손인 그는 그리니치빌리지, 파리의 센강 좌안,* 리틀매거진 단계를 순차적으로 밟은 터였다. 그리고 한동안 서점을 운영했었고 그 시대의 더 잘 알려진 난해한 리틀매거진에 자기 돈을 쾌척한 바 있었다. 그는 파리와 스페인의 젊은, 취한 사람들의 삶과 모험을 다룬 1920년대 유명 소설의 주인공, 요는 악당이었

---

* 당시에 예술가, 작가, 철학자 등 지식인이 많이 살던 지역.

다. 내가 만났을 때 그는, 심지어 우리가 막 뉴욕에 돌아왔던 당시에조차, 팔레스타인 운동에 깊이 빠져 있었다. 그는 방금 팔레스타인에서 돌아와 그곳을 다룬 기사를 쓰는 중이었으며 자신의 인생과 신념과 에너지를 온통 그 대의명분에 쏟아붓고 있었다. 귀국하고 3주가 채 안 되었을 때 나는 그에게서 다시 연락을 받았다. 그는 나를 그리니치빌리지에 있는 자신의 집으로 초대했다. 가서 보니 그의 인식 지평은 다시 완전히 바뀌어 있었다. 내가 집에 들어서자 그는 내게 그동안 어떻게 지냈느냐고 물었고 나는 글을 쓰고 있다고 대답했다. "글이요?" 그는 미심쩍다는 듯이 묻더니 잠시 골똘히 파이프 담배를 뻐끔거리다가 너그럽게 웃음을 지으며 말했다. "당신들 글쟁이들 말이야," 내가 따져 물었다. "당신들 글쟁이라니요, 무슨 말이 하고 싶으신 겁니까?" 그의 대명사 활용은 놀라운 것이, 고작 3주 전만 해도 그는 자기 입으로 밝힌 바에 따르면 분명 그 자신도 글쟁이였다. 그가 대답했다. "무슨 말인가 하면, 어떻게 사람이 해야 할 일이 산적해 있는 시기에 책 쓰기에 정신을 팔고 있을 수 있느냐는 것이오. 게다가 경제에 대해 일자무식인 당신들 글쟁이들이 무슨 글을 쓴단 말입니까."

그 뻔뻔스러움이 경악스러웠지만, 그게 현실이었다. 파리 좌안 출신에 리틀매거진 지지자, 카페 토론가, 팔레스타인 운동가를 거친 그는 3주 만에 세계 경제 전문가로 변신했다. 보아하니 그는 엔지니어를 자처하는 인물과 어울려 지내고 있었다. 그 비범한 인물은 말했다. 유일한 희망은 엔지니어들로 하여금 세상을 이끌게 하여 테크니컬 이코노미의 견지에서 세상을 재설계하게 하는 데 있다고, 그럼으로써 우리의 자원에 존재하는 잠재적 부를 가지고 우리의 발명과 발견을 통해, 우리의 생산 방식을 통해, 한 해에 1만 5천 달러쯤 벌면서 누구나 독자적으로 왕처럼 사는 게 가능하다고. 우리의 신참 전향자는 그 모든 이야기를 경청하다 못해 한술 더 떴다. 과학 기술의 수단에 근거하여, 누구에게나 한 해 2만 달러쯤 쥐여줄 경제 신세계를 수립할 수 있다는 내용이 담긴 책을 4주 만에 뚝딱 완성한 것이다. 이렇게 그는 새 노선으로 갈아탔다. 하긴 내가 보기엔 사실 그가 줄곧 몸을 실어왔던 바로 그 노선이기도 했다.

이 민첩한 사교술에 드러난 뻔뻔스러움이랄까, 내 눈에는 온화한 사기나 다름없어 보이는 어떤 태도가 나는 역겹고 혐오스러웠다. 그러나 우리를 둘러싼 삶의 구조의 어느 부분이 심각하게 고장 난 게 틀림없었다. 나는 내 고향의 붕괴 때도 그 조짐들을 감지한 적 있었는데, 이제 새로운 조짐이 날이면 날마다 눈에 들어왔다. 나는 생애 최초로 나를 둘러싼 세상을 비판적으로 뜯어보기 시작했다. 왜 이런 일들이 벌어지는지 숨은 이유를 찾기 위해서였다. 고통과 굶주림이 도처에서 목격되는 상황에서 잘 먹고 잘 사는 사람들이 내뱉는 확신에 찬 주장들이 생전 처음으로 거짓처럼 들렸다. 이를테면 '불황은 언제나 존재했으며 경기는 순환하기 마련이다'라는 이야기를 듣는 것만으로는 이제 충분하지 않았다. 그 말은 아무것도 설명해 주지 못할뿐더러, 하버드 비즈니스 스쿨의 어느 교수와 같은 그 분야 최고 권위자라는 것들이 고작 한 해 반 전에 내게 했던, 불황은 절대 재발하지 않을 거라는, 번영의 주기는 영구히 보장되어 왔다는, 현대의 산업과 금융 체계는 지금 벌어진 일들이 재발하지 않도록 제어할 방법을 이미 알아냈다는 호언장담과도 정면으로 배치되었다. 그때의 일들은 재발했을 뿐만 아니라 유례없이 심각한 강도로 재발했으니 말이다. 그런 일들을 막아줄 수 있을 거라고 내세워졌던 체계들은 어떤 구실도 하지 못했을 뿐만 아니라 그 주요 책임자들이 구원을 요청하는 가운데 그것 자체가 파괴되어 버렸다. 허름하고 지친 사람들이 한잔의 커피나 푼돈을 동냥하러 거리를 돌아다니는 상황에서, 그들이 일하려 들지 않아 구걸하는 신세가 되었다는 이야기를 듣는 것만으로는 충분하지 않았다. 그들은 일자리가 주어진다 해도 응하지 않았을 사람들이라는 이야기를 듣는 것만으로는 충분하지 않았다. 예전에 그 말이 사실이던 때가 있었는지는 모르되 이제 더는 사실이 아니었기 때문이다. 게다가 바우어리Bowery,* 수변, 시청 공원에서 마주치는, 출입구에 우글우글 모여 있거나 공중변소의 악취로 가득한 혼잡 속에 쭈그려 앉은, 싸구려 술에 절어 사정없이 비틀거리기도 하고, 횡설수설 알아들을 수 없는 소리를 늘어놓기도 하는 파산자들을 두고도 그들은 그저 낙오자일 뿐이며 그들에게 던져주는 몇 푼의 동정은 술 한잔 더 마시게 하는 것 이상의 아무 의미도 없으며 그런 자들은 언제나 존재해 왔고 앞으로도 그럴 것이라니, 그런 이야기를 듣는 것만으로는 충분하지 않았다. 나는 난생처음으로 그런 일들이 대체 왜 발생했는지 그 이유가 알고 싶어졌으므로, 그런 이야기를 듣는 것만으로는 충분하지 않았다. 나는 실로 어마어마한 탐사와 발굴 작업인 새 책 쓰는 일에 맹렬하게 매달리면서 처음으로 미국 땅이 품고 있는 만물의 겉모습, 느낌, 크기, 모양새, 냄새, 맛을 발견하는 중이었다. 그러한 발견은 한순간 느닷없이 전에 경험해 보지 못한 강렬함과 의미심장함으로 내 의식을 덮치곤 했다. 그리하여 나는 나 혼자의 힘으로 우주 전체가, 나를 둘러싼 세상이 어떤 재료들로 구성되는지, 구체적으로 그려나갔다. 이제 중요한 일은 오로지 그것들을 파헤쳐서 받아 적고, 받아 적고, 또 받아 적는 것이었다.

---

*   싸구려 술집, 하숙, 떠돌이로 유명한 뉴욕의 한 지구.

어떻게든 기록하기, 객관적 기록으로 변환시키기였다. 그 기록이 수천 페이지를 채울지라도, 그리고 그 기록이 영원히 활자화될 리 없을지라도, 어떤 독자도 만나지 못할지라도, 기승전결이 있는 하나의 이야기로 가다듬어지지 못할지라도, 어쨌든 기록했다. 내가 받아 적는 노력을 쏟아부을 수 있는 한.

발굴하고 탐색하고 발견해 나가는 그 막대한 작업은 브루클린에서 4년 동안 이어졌고, 그러는 동안 작품의 구조적 윤곽이 천천히 드러났다. 한편으론 그 작업, 그 작업이 일으킨 놀라운 생기를 통해, 나는 줄기차게 세상을 빨아들였다. 마치 흐리고 충충한 날의 광선처럼, 5월의 햇살처럼, 미량의 습기처럼, 끊임없이 내리는 비처럼. 젊은이들은 맨해튼의 고상한 잡지들에 선언문을 쓰고 있었지만, 브루클린에서 보낸 그 시간, 내 방 책상에 앉아 일하면서, 창밖을 바라보면서, 막막한 정글과도 같은 거리를 걸으면서, 밤샘 영업을 하는 커피숍이나 지하철 안에서, 부둣가를 따라서, 다리 위에서, 남南브루클린에서, 기차에서, 남쪽으로 가는 보통열차 객실에서, 워싱턴의 하숙집에서 밤새 사람들에게 말을 건네면서, 나는 인간 삶의 현황을, 인간 세상의 본질과 구조를 온몸으로 빨아들였다. 그들로부터, 그들이 들려준 자신들의 몰락이자 마을의 몰락에 대한 이야기로부터, 내가 보고 듣고 느끼고 알게 된 모든 것을 통해, 나는 비로소 세상이 어떻게 돌아가야 옳은지를 알게 되었다. 섬광 같은 하늘의 계시에 힘입어서가 아니라 내 삶과 호흡과 노동과 피와 맥박을 통해, 받아 적고 또 받아 적으려는 내 필사적 몸부림을 통해 차갑고 음산한 날씨처럼, 차고 음산한 빗줄기처럼 내게 스며들었다. 더 깊이 쟁기질한 고랑처럼, 드릴로 더 깊이 뚫고 들어간 구멍처럼, 나는 이전에 가닿은 적 없는 깊이와 차원으로 들어갔다. 내가 도달한 지점은 다음과 같다.

4년 동안 매달린 나의 작업은 1935년에 끝났고, 나는 내가 많은 것들에서 발을 뺐다는 사실을 갑자기 깨달았다. 과거에 써 왔던 종류의 작품은 이제 써서도 안 되고, 쓰고 싶어 해서도 안 된다는 사실을 깨달았다. 나는 도시 남녀의 연애담을 차기작으로 삼길 원했었다. 2년 동안 내 힘과 재능을 그 작품을 쓰는 데에 쏟아부은 터였는데, 이제 그것들을 청산했다. 이는 결코 사랑과의 결별이 아니었으며 사랑에 대한 내 사고방식과의 결별이었다. 개인사의 갈등, 한 예민한 젊은이가 치르는 삶과의 불화 또는 고향 친척 세력과의 불화로 인한 진통과 고통 따위가 예전만큼 중요하게 느껴지지 않는 것과 마찬가지로, 한때 의미심장하고 보편적인 문제로 여겨지던 남녀 간의 애정 행각이 낳는 개인적인 황홀경이나 아픔도 대수롭지 않게 생각하게 됐다. 그렇다고 그런 감정을 경멸하거나 한심하게 여기게 되었다는 뜻은 아니다. 그런 감정의 가치를, 인간의 삶에서 그런 감정이 차지해 왔으며 앞으로도 변함없이 차지할 중요한 자리를 인정하지만, 내 시야가 더 넓어졌고 관심의 영역이 말할 수 없이 확장된 것이다. 4년이라는 집필 기간, 그 발견과 탐험과 기록의 세월, 삶과 인간성의 실상을 내 인식 세계에 흠뻑 빨아들인 세월이, 나를 자아, 일, 개인 차원의 행복과 좌절, 허영과 편견의 비좁은 범주에서 밖으로 끌어낸 것이다.

그 이후론 상황이 정점으로 치달았다.

누구나 어린 한때 품는 소망을 나는 어릴 때부터 줄곧 품고 살아왔다. 유명해지는 것, 그리고 사랑받는 것. 변명하거나 말을 얼버무릴 필요 없이 나는 그 둘을 다 얻었는데, 나는 그것만으로는 충분치 않았다고 말할 수밖에 없다. 사실 내면에 삶과 성장의 불꽃을 지닌 채 자라난 사람이라면 누구나 그랬을 것이다. 지난날의 가장 위대했던 시인 중 한 사람도 명성은 "고상한 정신의 마지막 결함"이라고 했거니와, 명성이 충분하지 않다고 인정하는 것이 위험한 일이었던 적은 없다. 그러나 사랑의 결함을 인정하는 것은, 내가 말할 수 없는, 또는 어쨌든 여기서 언급해서는 안 될 이유에서, 위험한 일로 여겨졌다. 그럼에도, 아니 어쩌면 그렇기에, 사랑이 가르쳐주는 바를 알아보지 못한 인간은 여지껏 없었는지도 모른다. 그러나 그 작고 단단한 완전체의 궤도를 벗어나지 않은 인간 또한 있을 수 없다.

아마도 사랑의 이미지가 일부 사람들을 만족시킬 수는 있을 것이다. 한 방울의 반짝이는 물방울처럼 사랑도 태양과 별들과 하늘과 인간 세상 전체를 반영하는 소우주인지도 모르니까, 이제는 죽고 없는 위대한 시인들이 그렇다고 주장해 왔고, 그래서 사람들도 그렇게 고백해 왔으니까. 나로 말하자면 그렇게 생각하지 않는다. 개구리 연못이나 월든 호수가 물을 담고 있다고 해서 바다의 이미지를 품고 있는 건 아니라는 게 내 솔직한 생각이다.

실로 명성과 사랑이라는 두 이미지는 내 교육의 모든 단계와 등급과 세목을 다 스치고 지나왔다. 우리가 믿어야 한다고 배웠던 것들을. "온 세상이 이울어가도 사랑이면 충분하리."* 충분했을지도 모르지만, 나는 의심스럽다. 나로 말하자면 그렇게 생각하지 않았다.

명성으로 말하자면, 그것은 또 다른 여인이었다(기묘한 역설인데, 내가 만나게 될 예정이었던, 사랑을 두고 다투는 모든 경쟁자의 여인이었으며, 여성으로부터도, 사랑으로부터도 사랑받는 유일한 여인이었다). 온갖 형상으로 모습을 바꾸는, 온갖 사랑스러움으로 위장

---

*   영국 시인 윌리엄 모리스(William Morris, 1834–1896)의 시 〈사랑이면 충분하리Love Is Enough〉에서 인용한 대목.

한, 숲을 떠도는 환영이자 유령 같기도 한 그 여인의 모습을 나는 어릴 적부터 꿈꿔왔다. 그 여인의 형상과 사랑받는 이의 형상이 내 앞에서 수천 번 하나로 합해질 만큼. 그리고 마침내 그 여인이 허락한 만큼 그 여인을 얻었다. 그리고 그것으론 충분하지 않았다.

그러한 과거의 유물이 거기에 있었다. 그러나 삶의 비바람이 스며들었고 나는 이 습기가 무엇인지, 어디에서 스며 나오기 시작했는지, 어느 방향으로 흐르는 도랑을 따라 내 삶이 흘러가고 있는지 여전히 알 수 없었다. 나는 열심히 달려 결승 지점을 벗어난 다음, 기진맥진하여 숨을 고르는 달리기 선수처럼, 경기는 끝났고 결승점의 테이프를 내 가슴으로 밀어젖혔으며 내가 이겼다는 사실을 알았을 뿐이다. 그 당시에는 그 이상은 아무것도 생각나지 않았다. 다시 시련을 만났고 마침내 이겨냈다는 생각, 절망과 회의, 다시는 일어서지 못할지도 모른다는 공포를 떨치고 온전하고 최종적인 성취에 이르렀다는 생각만 했다.

원이 거의 다 그려졌다. 순환의 대단원이 다가온다. 넉 달 동안 텅 비고 공허하고 녹초가 된 채 시간을 흘려보내며 지친 정신을 추슬렀다. 그러자 원기가 다시 차오르면서 세상이 눈에 들어왔다. 세상이 내 눈에 들어오고 또 들어오면서, 내가 그때까지 몰랐던 어떤 것을 세상에서, 또 내 마음속에서 발견했다.

나는 휴식과 기분 전환과 망각을 위해 그곳으로 되돌아가곤 했다. 내가 알던 타향 중 최고인 그곳으로. 나는 절박한 유폐, 머리가 지끈거리는 탐색, 회고, 상상, 갈망에 머무른 긴 시간이면 브루클린의 거대한 정글 거미줄로부터 그곳으로 수천 번을 되돌아가곤 했다. 시간의 회색 수갑에, 소란한 날들의 혼잡한 차량 행렬에, 피할 수 없는 현재의 지루한 회색빛에 매인 철창 속 죄수들이 코카인을, 유령들이 사는 숲을, 마법에 걸린 초원을, 거친 홍수를 갈망하듯이 그곳으로 수천 번을 되돌아갔다. 나는 꿈속에서, 시간과 욕망의 되새김 속에서 그곳으로 수천 번을 되돌아갔다. 기억과 욕망 속에서 그렇게 독일로 천 번은 돌아가곤 했는데 이제 그 봄에 내가 정말로 그곳에, 다시 가 있었다. 이제까지 그 누가 이보다 더 행복하고 우연한 귀환을 경험했을까.

바이런은 스물네 살의 어느 날 아침 잠에서 깨어나 보니 유명해져 있었다고 사람들은 말한다. 글쎄, 나는 그보다 10년이나 더 기다려야 하긴 했지만, 브란덴부르크 문을 통과하여 몽환적으로 푸르른 티어가르텐*의 황홀한 길들로 걸어 들어가던 어느 날 아침, 명성이 나를 찾아왔다는 것을 알았다. 나는 그때 두 달이 넘도록 집을 떠나 신문이나 편지 한 장 읽지 않고 지난 몇 해

---

* 베를린 중심부에 위치한 거대한 공원이자 녹지.

글쓰기, 살아내기

동안 줄곧 잡아당겨져서 끊어지기 직전인 용수철 같은 상태였던 정신과 마음과 생활의 긴장에서 무사히 놓여나 평안함을 되찾으려 애쓰고 있었다. 그리고 파리에서 켄트로, 롬니마시에서 런던으로, 런던에서 노퍽의 비옥한 저지대로, 노퍽에서 작고 아담한 네덜란드의 말쑥함으로, 그리고 네덜란드를 벗어나 기차가 데려다주는 대로 베스트팔렌의 광활하고 비옥한 경작지를 가로질러 세월의 더께가 앉은 하노버로, 그 북쪽 소나무 숲을 건너 거대한 베를린까지 하염없이 넋 놓고 방랑하면서 그러한 평안함을 찾았다. 그러는 사이에 5월이 다시 돌아왔고, 나는 걸어서 꽃이 만발한 거대한 마로니에나무 아래를 지나 브란덴부르크 문을 통과하고 황홀한 초록색 회랑을 지나면서 마치 티무르인인 양, 왕이 되어 승리에 도취하여 페르세폴리스 언덕을 말을 타고 달리는 것도 찰나의 영광이라고 느꼈다. 명성을 얻는 것도.

브루클린에서 길고 고달픈 몇 해를 보내고 난 뒤 나는 내 지친 영혼을 쉬게 해주고 싶었고, 그것은 이룰 수 없는 꿈이었는데, 이는 너무나도 이룰 수 없는 몽상이었는데, 이제 마법처럼 현실이 된 것이다. 이것은 승리였고, 내 삶이 어떻게 풀릴지에 대해 내가 품었던 생각이 맞았다는, 작업이 가치 있었다는, 예술을 성취했다는 찬란한 입증이었다. 내게는 그렇게 느껴졌다. 고국발 나의 성공 소식이 독일에 닿았고,—이미 세 해 동안 그곳에 내 이름을 알렸던지라, 이미 나는 그곳에서 유명 인사였다—그러자 지난날 세계의 여러 대단한 도시에서 이방인이자 무명씨라고 느꼈던 내게 갑자기 그 모든 곳이 나의 것처럼 다가왔다. 거대한 도시, 세상이 온통 내 뜻에 달린 듯했다. 편지와 초대의 말이 쏟아졌다. 마치 그들이 오래도록 나를 기다렸다는 듯이. 3주 동안 기쁨과 축하 세례가 이어졌고, 비로소 알게 되고 관심을 갖게 된 백 명의 친구들과 이국땅에서 이국의 언어로 아주 흥분되는 여러 만남을 가졌다. 5월의 선선한 밤, 기가 막히게 상쾌한 대기, 봄의 깨어남, 북부의 짧고 황홀한 어둠, 날씬한 병에 담긴 훌륭한 와인, 아침, 초록 들판, 아름다운 여인들, 이제 이 모든 것이 내 것이었고, 나를 위해 빚어진, 나를 위해 대기해 온, 나의 선택을 받기 위해 이토록 사랑스럽게 존재해 온 것처럼 보였다.

  3주가 그렇게 흘러갔다. 낮이면 빛나는 청옥색의 대기, 마로니에나무들, 번화가를 가로질러 나를 휩쓸고 지나가는 환희에 찬 삶의 광채가 있었고, 그래서 정오가 되면 쿠르퓌르슈텐담 대로로 모여드는 거대한 군중 속에서 나 또한 눈부신 티어가르텐의 초록색 요정 무리의 일원이 되었고, 베를린의 수정 같은 광채 속으로, 내가 그것들을 오롯이 공유한다고, 그것들이 다 내 안에 있다고 느낄 때까지 빨려들었다. 빛나고 환희로운 물방울 한 방울에 수많은 가리비 껍데기의 춤추는 빛, 철썩이는 모든 파도, 반제 호수의 수면 위 항해가 담겨 있듯이.

그리고 낮이면 대기가 노래하고, 몸 안의 혈액도 들리지 않는 노래를 부르고, 많은 군중이 쿠르퓌르슈텐담을, 멋진 카페들의 쾌활하고 붐비는 테라스를 가득 메우고, 귀에 들리는 듯 아닌 듯한, 대기에 흩뿌려진 아름다운 음악의 씨앗들이, 돌연한 횡적橫笛 부는 소리가, 돌연한 끊임없고 흐르는 듯한 장홧발 소리가 들리고, 쿠르퓌르슈텐담의 초록색 회랑 아래를 경직된 거위걸음으로 걸어가느라 가려진 젊은 갈색 얼굴들이 보이고, 연대에 배속된, 군복 차림에 헬멧을 쓰고 팔짱을 낀 꼿꼿한 자세의 젊은이들을 가득 실은 군용 트럭이 바퀴를 굴리며 지나가고, 그러곤 웃음이, 군중 속의 웃음이, 멋진 카페들의 테라스를 가로질러 파도처럼 잔물결치고 아름다운 여인들이 입술에 머금은 와인의 거품처럼 기포를 올리는 웃음이 있었다. 그 모두가 내 것이었다.

그러나 문제가 생겼다. 예상하지 못했던 일이었다. 흐린 날씨가 내 영혼으로 너무나도 깊이 스며들었기에 나는 그것을 잊을 수가 없었다. 기록되지 않은 나날이, 혹독한 악천후가, 파헤쳤던 정글 길들이 차츰 다시 내 뇌리를 채우고 그곳의 청명한 대기를 비집고 들어왔으며, 끌끌 혀를 차는 소리들의 빗장을 풀고 들어와 기어이 그 빛나는 수면의 윤곽 위에 헤아릴 수 없는 험상궂음을, 5월이나 마법이나 쿠르퓌르슈텐담으로도 어쩔 수 없는 묻힌 의미들에 대한 의식을 디밀었다.

그것은 때로는 절박하게 애원하는 눈길로, 갑작스러운 눈초리의 노골적인 테러로, 돌연히 밀려왔다가 금세 자취를 감추는 공포로 다가왔다. 때로는 마치 빛처럼 순식간에 나타났다가 사라졌고, 언어와 말씨와 행동을 잠식하더니, 마침내 두꺼운 벽과 빗장 걸린 문과 닫힌 창, 형언할 수 없는 절망의 고백, 인간의 생생한 믿음의 부패, 파묻힌 고뇌의 지옥 뒤에 서 있는 한밤의 보초병들에게 스며들었다. 그것은 고상하고 강인한 인간의 정신적 질병이자 죽음이자 질식이었다.

그러고도 날은 다시 찾아오곤 했으니, 붉은 아침이 멋지게 타올랐고, 소나무들이 청동색 금색 마술을 펼쳤고, 잔잔한 초록 웅덩이들에 담긴 물이 빛났으며, 공원과 광대한 티어가르텐 거리의 정원이 몽환적인 정적에 휩싸였다. 그러나 어느 것 하나 전과 같은 것이 없었다. 그것은 내가 인생의 다른 가치에, 아침만큼 새롭고 지옥만큼 오래된, 이제야 처음으로 말로 표현하는, 이제야 어구의 규격 안에, 진저리 나는 작업들의 체계 안에 복속시킨 어떤 가치에 눈떴기 때문이다. 그것은 날마다 내 의식으로 스며들어서, 마침내 나는 어딜 가든 내 일상의 모든 만남과 접촉에서 그 형언할 수 없는 오염의 실상과 맞닥뜨리고 목격하고, 인지할 지경에 이르렀다. 그런데도 그것은 여전히 쉬지 않고 내 의식 세계로 밀려 들어와, 결국에는 내 지적 이해력의 한계를 뛰어넘어 받아들여졌다. 악성 종양도 뿌리도 모두 내가 사랑하는 육체에서 비롯되었기 때문이다.

내 시야를 가렸던 장막이 그렇게 또 한 겹 벗겨져 나갔다. 내가 전혀 몰랐던 그 무엇이 내 삶으로 들어왔고, 이제 그것을 보고 이해한 이상 나는 그것을 잊을 수도 없었고, 그것을 모르던 시절로 돌아갈 수도 없었다.

7월 4일 뉴욕으로 돌아갈 때, 새로 얻은 명성이 배 위에서 나를 기다리고 있었고 그 광란의 겨울 한 철 동안 그녀는 다른 무엇보다도 신실하게 내 곁을 지켰는데, 뭔가 냉정하고 명백한 것이 내 시야로 들어왔고, 그러자 그녀가 달리 보였다. 이 새로운 여주인과 함께하면서 나는 세상을 새롭게 바라보게 되었고, 명성이란, 내가 얻었던 것 같은 명성이란 과연 무엇이며 그 여인은 내가 눈이 멀기 전 마음속으로 그려왔던 여신과 얼마나 비참하게 다른 모습인지를 깨달았기에 현혹되지 않았다. 어린 시절부터 그녀를 얻는 게 내 의지의 종착점이었는데 그게 착각이었음을 깨달았다. 그리고 그 크나큰 상실을 통해 나는 새로운 희망을 얻었다. 절망 뒤에는 언제나 새로운 출발을 맞았듯이, 추방이 나를 새로운 땅으로 데려다주었듯이. 이어서 나는 그녀에게 감사해야 한다고 생각했다. 우리가 구축해 온 세상, 우리가 원하는 방향으로 이끌어왔던 삶의 구조의 실상이 무엇인지 가차 없이 까발려진 건 바로 그녀 덕분이었기 때문이다.

시련이 시작되어 2년이 넘게 사회 전 분야를 휩쓰는 동안 나는 부패하고 난잡한 가짜 인간들을 알게 되었다. 그리고 이상하게도 나는 낙심하지 않았다. 이상하게도 나는 괴로워하지도 않았다. 난생처음으로 전체를 명료하게 바라보고 있었기 때문이다. 내가 그토록 손에 쥐고 싶었던 것을 얻는 데 실패함으로써 나는 마침내 세상사가 어떤 모습인지 실상 그대로 깨우치고 있었다. 기이한 역설인지 몰라도, 나는 이 암울한 상실에서, 이 새로운 발견들의 황량감에서, 삶의 새로운 의미를, 더 새롭고 어찌 보면 더 나은 희망을 길어 올렸다. 우물의 바닥, 땅의 맨 밑바닥에서, 벌집 상부의 부패하고 조잡한 구조 안에서, 나는 인간의 평범한 마음을 보고 이해하고 느끼기 시작했고 마침내 그것만은 누군가 아무리 배신하려 해도 배신당하지 않을 것임을, 누군가 아무리 타락시키려 해도 끝내 타락하지 않을 것임을, 아무리 굴복시키려 해도 결코 꺾이지 않을 것임을 깨달았다. 인간의 평범한 마음은 우리가 내려앉을 수 있는 맨 밑바닥이며, 언제가지나 남아 있을 받침대이며, 스스로 변화하지만 억지로 바꿀 수 없으며, 견뎌내고 있고 앞으로도 그래야만 한다는 것도.

민중! 그렇다, 민중! 영원히 패배당할 리도, 배반당할 리도 없는 민중, 그럼에도 배반당하고 패배한 민중, 타락하고 잘못된 방향으로 이끌려진 민중, 속아 넘어가고 미신을 믿는 민중, 수동적이고 순종적인 민중, 그러나 마침내, 언제나 민중! 오로지 민중! 아무도 꺾을 수 없고 변함없는 민중이라는 반석!

부자들, 그렇다! 사교계의 사람들, 그렇다! 유행을 따르는 사람들, 그렇다! 명성을 추구하거나 유명인을 좇는 사람들, 그렇다! 아름답고 평판을 사랑하고 침대 잠을 자는 여인들, 그렇다! 그들만의 전통문화와 자비롭고 예술을 사랑하는 온정주의라는 신화를 가진 출판인들, 그렇다! 정치꾼들과 민중 선동가들과 선견지명의 정치인들, 그렇다! 칵테일 파티장에 모여 최신의 연극, 최신의 책, 최신의 생각, 최신의 담화에 대해 가장 지당한 방식으로 이야기하는 사람들, 그렇다! 갖가지 최신의 가장 지당한 말씀만 하는 대학교수들과 강사들, 그렇다! 그들이 당면했던 상황, 그때그때의 방식, 또는 그때그때의 필요가 그 말씀들을 낳았다. 그들이 했던 모든 말, 그들이 품었던 모든 생각, 느낀다고 느낀 것, 믿는다고 믿은 것이, 그들이 만들어내어 그 안에 안주했던 삶의 구조 전체가 그 모든 것을 만들어왔다! 나는 서른일곱 해의 내 생애*를 통해 그들을 보았고 알았다. 얼간이, 어릿광

---

*   울프는 다음 해인 1938년에 세상을 떠난다.

대, 사기꾼을. 속물, 기생충, 전문가, 매춘부를. 그 거대한 순환의 모든 국면을, 모든 부분을, 어떤 것들의 명성을, 그리고 명성의 포로들을, 미움받지도 경멸받지도 않는, 그러나 마지막에는 그리고 언제나 지금, 언제나 변하고 언제나 똑같은 영원한 흐름.

민중, 그렇다, 민중! 결국 마지막엔 오로지 민중. 거리의 모퉁이에, 거리에, 지하철에, 그리고 붐비는 기차간에, 작은 마을과 대도시에, 교회와 축제에, 동부 해안과 대륙을 가로질러서, 낮에는 광대하고 시간을 초월한 하늘 아래 움직여 거리를, 건물을, 공장을, 집 안을, 농장을, 수백만 개 유형의 일상 시간표를 메우는, 그러나 끝내 남는 것, 영원히 남는 것, 그리고 배반당할 리 없는 것. 민중!

나는 오래도록 고향을 떠나 있었는데 어느 날 고향으로 돌아왔다. 탈출과 도망, 나라 밖 떠돌기와 미치도록 갈망하기, 일과 실패 그리고 성취로 점철된 그 여정 속에서 8년이 흘러갔다. 그동안 나는 수천 번의 낮과 밤을 나라 밖을 떠돌며 미치도록 갈망하며 살아냈다. 귀향을 소망한 나머지, 그런 마음이 통증으로 자리 잡았던 나날이었고, 고향으로 돌아간다는 사실이 꿈처럼 여겨지던 나날이었으며, 그 꿈은 참을 수 없을 만큼 생생하고 강렬해서 그 꿈이 꿈보다 확실한 실체였던 적이 있었다는 것이 믿기지 않을 지경이었다. 아, 나는 그것을 나의 뇌에 백만 번 새로 심곤 했다. 거리마다, 집마다, 잎새마다, 돌마다, 모든 얼굴에 대한 기억이, 잊히지도 않았고 잡히지도 않았던 세계로부터 날아온 망령에 대한 지워지지 않는 기억처럼 내 눈앞에 타오를 때까지, 내가 깨어나 이렇게 말할 때까지. "한때 내가 있었다. 한때 나 같은 소년이 있었다. 한때 어떤 사람들이 있었다. 이러이러한 마을이 있었다. 한때 이 살아 있는 육신이 어떤 실체들과 접촉했었다. 한때 어떤 나무에 기댄 이 어깨가 있었다. 이 발이 어떤 계단에 올려졌다. 한때 이 손으로 어떤 철책을 거머쥐었다. 어떤 손잡이를 부여잡았다. 내 손바닥으로 그 손잡이의 크기와 윤곽을 거의 느낄 수 있을 때까지. 틀림없이 그랬었다, 틀림없이 그랬었다. 그렇긴 한데?"

나는 그것을 국외 도피의 생생한 기억과 참을 수 없는 갈망으로 그렇게 뇌에 무한히 고쳐 심곤 했다. 돌아가서 생각하기 위해서. "틀림없이 그랬었다, 틀림없이 그랬었다, 그렇긴 한데 아마도 꿈이었는지도 모른다. 수많은 급류가 도시들, 지방들, 다른 나라들, 낯선 언어들과 얼굴들을 가르며, 브루클린에서 보냈던, 일과 자포자기와 사랑과 죽음과 회복과 피로라는 정글의 심연과도 같던 시간을 가르며 흘러갔다. 수백만 가지 사물이 떠올랐다가 사라지고 시작했다가 끝나고 이 와글거리고 거만한 세상은 바다의 굽이치는 파도들 사이로, 떠밀려드는 군중 사이로, 수백만 사람들과 단어들과 사실들과 시간들과 장소들에 대한 잊힌 기억들 사이로 지나갔다. 틀림없이 그랬는데, 그런데도 그럴 리가 없다. 나는 꿈꿔왔다. 다시 집으로 돌아갈 날을."

나는 속으로 이렇게 되뇐다. "지금 그들에게 해야 할 말이 있습니다. 나는 돌아갈 것입니다. 그런 이유를 모두 밝히고 어떤 의도였는지도 낱낱이 까발리겠습니다. 내 마음을 속속들이 뒤집어 보여드리죠. 너무나 적나라해서 누구도 나를 의심하지 못하게요! 언젠가 내가 고향에 돌아가면 그들은 내 말에 귀 기울이게 될 겁니다. 서로 완전히 알게 될 테고요. 그들은 이해할 겁니다! 나는 돌아갈 겁니다."

그리고 일곱 해가 흘렀고 나는 고향에서 멀리 떨어져 있었고, 어느 날 귀향했다.

내 이야기를 끝내야 할 시간이니 이제 작별 인사를 하려고 한다. 그대는 다시 고향에 가지 못하리라는 그 이야기를 이제까지 했고, 이제 하나의 큰 원을 다 그렸다.

기억 속의 지난날 사투리가 다시 들려오고 몰락한 마을의 잔해를 다시 본다. "만나서 반갑습니다. 돌아오셨군요. 당신이 그리웠어요, 이제 여기 머무르셔야 해요. 밥은 만나셨나요? 짐도 당신을 만나고 싶어 해요. 수많은 사람이 당신 안부를 물어요. 당신 가족도 당신이 돌아와서 반가워할 거예요. 물론 처음에는 말들이 많을 거예요. 책에 푹 빠진 사람들이 아주 많으니까요. 아마 이미 들어서 알겠지만요. 제기랄! 이젠 다 끝난 일이에요! 다 잊었어요. 자기들 이야기도 책에 넣었어야 한다고 생각하는 사람들만 아직도 몹시 화가 나 있죠. 저기 에드가 오네요. 만나서 반가워요. 이곳처럼 살기 좋은 곳은 세상에 없어요. 그러니 돌아와 여기서 살아요!"

망가진 마을! 그곳에서 살았을 사람들을 모조리 쫓아내고 들어선 새롭고 멋진 빌딩들. 읍내에서 아이들이 멱을 감던 깡촌까지 산을 뚫고 한달음에 가닿게 만들어준 반들거리는 타일의 번쩍이는 터널들. 덧없는 장관의 기념물들. "이 폐허를 떠받쳐주는 파편들." 초록 언덕이 있었던 자리의 가파른 콘크리트 비탈, 기계로 찍어낸 듯한 새 호텔, 아케이드, 상점, 붐비는 역. 몰락한 마을에 흩어진 번쩍이는 쪼가리들! 밤이면 교구 목사는 자신의 폐허가 된 마을을 내려다볼 때 의치들 사이로 웃음을 흘리며 주걱턱을 반사적으로 때린다. 5월의 언덕들은 밤에도 아름답다. 산딸나무가 올해처럼 장관이었던 적은 없었다고 노인들이 말한다. 목사는 몰락한 마을을 내려다볼 때 웃으면서 주걱턱을 반사적으로 때린다. 밤에는 언덕조차 사랑스럽다. 언덕 위에도 산의 능선에도 빛이 점점이 흩뿌려져 있고, 조용히 신비에 싸여 있는 백만 달러짜리 법원 청사, 이백만 달러짜리 시청 따위 휘황한 빌딩들이 밤을 밝혔다. 마치 워싱턴의 미국 국회 의사당이 현대적이고 새롭고, 빚더미 위에 세워졌을지언정 나그네에게는 위엄 있어 보이는 것처럼. 세련된 것들만이 인상을 남기는 세상이다. 심지어 새 경찰대조차 그렇다. 말쑥하고 훤칠하고 빈틈없는 그 젊은이들은 배불뚝이 선배들과는 완전히 달라서, 주차 위반을 한 타지인들에게 매우 공손하다. 올곧고 깔끔하고 말쑥한 젊은이들, 그들은 당연히 유명한 앵글로색슨족의, 스물다섯 살의, 산뜻하고 깔끔하고 갈색인 새 제복을 입은 미국인들이다. 잘 다려 입은 갈색 바지에 갈색 신발, 멋진 갈색 모자, 갈색 넥타이, 빳빳한 갈색 셔츠, 허리에 두른 갈색 탄띠, 꽉 찬 갈색 탄약통, 갈색 권총 케이스, 거의 갈색 넓적다리까지 닿게 무척 위협적으로 늘어뜨린 다음 갈색 가죽끈으로 갈색 다리에 동여맨 매우 효율적인 6연발 권총의 갈색 손잡이까지. 게다가 이 멋진 젊은이들은 잘못을 저지른 낯선 사람들에게 정중하고 세심하며 세련된 말씨를 쓴다, 눈초리가 심상치 않기는 하지만. 내가 예전에 알았던 사람도 보인다. 우리는 열 살 때 함께 학교에 갔고 종종 점심을 함께했고 야구팀에서 그는 투수, 나는 일루수였다. 웃으면서 반기는 그의 얼굴은 낯설었지만, 입가의 깊은 주름들 너머 내가 오랫동안 잊고 살았던 소년이 보였다. 그의 눈은 뭔가 죽은, 딱딱한, 차가운, 숨기는 듯한 느낌을 담고 있는데, 이 모든 갈색 제복의 남자들의 눈이 그러하다. 그것은 20년 전 학교 소년들의 눈에서는 찾아볼 수 없던 느낌이다. 경관들은 이제 빛나는 자동차를 탄다. 그리고 사람들은 종종, 조용한 길거리에서, 밤의 정적 속에서, 2인 1조의, 묵묵한, 매서운 눈초리의, 서두르는, 잠복 중인 그들과 마주칠 것이다. 컨트리클럽에서는 색소폰의 구슬픈 선율이 나지막이 흘러나온다. 군중은 취했고, 누구든 괜찮은 스카치위스키를 당장 얻을 수 있다. 여전히 버번위스키를 고수하는 사람도 좀 있겠지만. 지블런* 출신 시골 아이 둘이 백만 달러짜리 근사한 시골 교도소의 자기들 칸 모퉁이에 앉아 있다. 갈색 제복의 젊은 경찰들은 버번이나 지블런 출신 애들 일에는 강경하게 나올 수 있기에, 그들은 피투성이 입술 사이로 부러진 이빨 조각을 뱉어내며 대체 무슨 일이 있었던 건지 어리둥절한 채로 정신을 차리는 중이다. 그리고 또 다른 칸에서는 또 다른 평화 훼방꾼이자 공공복지 협박꾼이 조각난 이빨을 좀 더 태평하게, 생각 없이 내뱉는 중이다. 그는 이미 일이 어찌 돌아가는지, 노동조합 조직자와 마주친 말쑥하고 꼿꼿한 갈색 셔츠의 경찰들이 어떻게 나올지 알고 있으니까. 오늘 밤, 5월의 갓 자라난 보드라운 잔디 아래 600명이 제 무덤 속에서 썩고 있고, 그

---

*   노스캐롤라이나주 웨이크 카운티에 있는 마을.

중 68명은 총상으로 인한 두개골 파열을 입었다. 땅밑은 벌레들이 습관적으로 조용히 몸을 뒤틀 뿐, 아무런 움직임 없이 적막하고, 지상 또한 시원하고 나무 그늘진 거리를 따라 적막이 흐르고, 또 다른 사람들 만 명은, 죽은 사람과 똑같은 모습은 아니지만 퀭한 눈구멍을 연 채로 어둠을 응시하며 자기 침대에 누워 있고, 파산한 만 명의 땅 위 사람들 또한 자기 무덤 속에 누워 있다. 죽은 동네의 죽은 관리자들 위에 목사의 마비된, 통제 불능인 손이 지휘하는 죽은, 타락한 권력이 안주하고 있다. 그리고 오늘 밤 목사는 말쑥한 젊은 사람들로 이루어진 꼿꼿하고 젊은 갈색 셔츠 기동대를 향해 의치 사이로 웃음을 날려 보낸 다음, 주걱턱을 습관적으로 문지른다.

그리고 나는? "한 소년이 있었습니다. 마을의 여러분도 잘 아는." 나는 오래도록 집을 떠나 있었고 이제 다시 돌아왔다. 할 말이 뭐가 있을까?

시간은 흐르며 논란을 매듭짓는다. 하려면 할 수 있었던 이야기도, 결코 해서는 안 되었던 이야기도 너무 많았다. 고향을 그리워하는 동안, 나는 그 발설하지 못한 수많은 할 말에 귀 기울였다. 추방되어 돌아갈 수 없는 고향을 꿈꾸는 삼천 번의 밤과 낮 동안 그것들은 묵묵한 글귀로 남았다. 그리고 이제 고향으로 돌아왔으니, 더할 말이 뭐가 있을까?

계단에 다시 발을 내디디며, 그 오래된 디딤판의 삐걱거림, 오래된 난간의 휘어짐을 느끼며, 어둠 속에서 나를 스쳐 지나가는 소리 없는 형상들, 이파리의 바스락거림, 헤아릴 수 없는 밤의 정적, 별이 찬란한 산지의 서늘한 밤, 그리고 일깨워지고 되살려진 지난날의 현존을 느끼며 나는 생각한다. "나는 다시 고향에 왔다. 이 어둠, 이 난간, 이 계단, 이 디딤판이 있는 곳으로. '전에 어떤 소년이 있었어요. 여러분들이 잘 알던.' 여기 내가 있었고, 이게 나였다."

내가 기억하는 거리에서, 오래된 나무 옆에서, 오래된 집에서 그를 찾다 보면 바람이 불어오며 어둠이 우리를 감싸고 적막하고 거대하고 헤아릴 수 없는 밤이 찾아왔다. "소년이었던 내가 여기 있는데 다른 이들은 어디에 있나요? 그 소년이 나예요, 나라고요."

여러분은 다시는 고향에 가지 못한다.

내가 모색의 세월을 보내는 동안 친구이자 정신적 부모였던 친애하는 그대*에게 이제 작별을 고한다. 대순환의 한 바퀴를

---

*   스크리브너스 출판사의 편집자 퍼킨스를 말한다. 울프는 1935년에 《시간과 강에 대하여》를 출간한 뒤 퍼킨스와 결별했는데, 자신이 작가로서 성장한 과정을 자세히 털어놓은 이 글 말미에 갑자기 그를 향한 작별 인사와도 같은 이야기를 건넨다. 이 대목의 내용은 나중에 유작 《그대, 다시는 고향에 가지 못하리》의 에필로그로 발전한다.

다 돌았다. 평범한 사람의 한 시대, 그 시대 삶의 모든 모습을 담은 언어 대사전의 한 구절이 끝났다. 이제 작별을 고한다. 나는 계단에 발을 올려놓던 소년이었고, 어깨로 수레를 힘껏 밀던 어린아이였다. 나는 평범한 부모에게서 태어나 미국이라는 나라를 알기 위해 나라 밖으로 뛰쳐나간 젊은이였다. 나는 젊은이의 긍지, 고통, 허영, 이기심을, 그것들이 불러일으키는 열망과 고투를 알았다. 나는 길을 떠나 거만과 경멸을, 생명력을 잃은 조숙함, 염세적 미학을 헤치며 긴 여행을 한 젊은이였다. 나는 관용구를 말했고, 언어를 배웠고, 자기만의 상처받은 외로움, 불충족감, 회의감을 오만과 냉소라는 방어적인 언어로 메우려고 애썼다. 나는 일을 배웠고 일을 통해서 처음으로 성취감을 맛본 젊은이였다. 나는 사랑이라는 소우주 안에서 사랑하는 사람, 사랑의 포로, 비극의 주인공이었고, 사랑의 순교자, 사랑에게서 버림받은 자였다. 나는 추방당한 자였고 치열한 탐구자였고, 어려울 때 당신을 아버지 삼았던 아들, 자기회의에 빠졌을 때 당신을 방패막이 삼았던 아들, 당신이 품위 있게, 그리고 무한한 이타심으로 이끌어준 덕분에 성취로 나아갈 수 있었던 아들이었다. 나는 지난 3년을 지나면서 비로소 나만의 반석 위에 올라선, 자력에 의지하게 된 인간이고, 그래서 이제 안다, 이제부터 발견은 나만의 몫임을. 누구나 그렇듯이 나 또한 내가 아는 만큼 알고, 내 존재

만큼 존재하며, 내가 소유한 만큼 소유하기에. 그리고 이제 안다, 그대 다시 고향에 가지 못할 것임을.

    그러니 사랑하는 친구여, 이제 각자 자신의 길을 가야 할 때가 되었다. 당신은 당신이 최선이라고 생각하는 삶을 향해야 하며, 세월이, 이 위험한 시대가, 관계 맺고 있는 대상에 대한 당신의 충성과 당신의 양심이, 이미 당신이 그쪽을 향하도록 영원히 설정해 놓았다. 그리고 과거로 향해, 그 알려진 익숙한 기슭에 서도록. 나는 나의 과거로 향해. 또 다른 기슭에서, 이승에서의 온갖 삶과 죽음과 탄생을 거친 뒤에 새로운 땅, 새로운 희망을 만날 것이다.

부록

스크리브너스 출판사 사무실의 책상에 앉은 맥스웰 퍼킨스, 1943년. 미국회도서관 소장 자료.

독자들께*

이 첫 소설에서 나는 이제는 아득히 잊힌, 그러나 한때 내 삶의 일부를 이루었던 경험에 대해 썼다. 따라서 독자가 이 소설이 '자전적'이라 여긴다 해도 저자로서 할 말이 없다. 내가 보기에 진지한 소설은 모두 자전적이며, 이를테면 《걸리버 여행기》조차도 최소한의 자전적 요소는 지닐 수밖에 없다.

그런데 이 당부 글은 주로, 소설의 배경이 된 시기에 내가 알고 지냈을 사람들을 향한 것이다. 그 사람들이 이미 이해하리라 믿지만, 이 책은 순결하고 숨김없는 마음의 기록이며, 나의 주된 관심사는 내가 창작한 소설 속 사건과 인물 들을 온전히, 생생하게, 강렬하게 그리는 것이었다는 점을 말해 두고 싶다. 책의 출간에 즈음하여, 나는 이 작품이 허구임을, 내가 아는 그 어떤 인물에 대한 묘사도 꾀하지 않았음을 강조해 둔다.

---

* 이 글은 울프의 소설 《천사여, 고향을 돌아보라》의 책머리에 실린 〈To the Reader〉의 전문을 우리말로 옮긴 것이다.

그러나 우리는 생의 모든 순간의 총합이다. 우리의 삶에는 그 모든 순간이 들어 있다. 따라서 우리는 그 어느 순간인들 피할 수도 숨길 수도 없다. 작가가 책을 쓰기 위해 삶이라는 진흙을 사용했다면, 그 진흙은 누구라도 사용해야만 했을 진흙, 누구라도 사용하지 않을 수 없었을 진흙이다. 소설은 사실이 아니지만 선택되고 이해된 사실이며, 재배열되고 의도된 사실이다. 존슨 박사는 책 한 권을 쓰려면 장서의 절반을 뒤져봐야 한다고 말했는데 소설가도 마찬가지다. 하나의 작중 인물을 세우기 위해 마을 사람 절반을 되짚어 봐야 한다. 이것이 소설 작법의 전부는 아니지만 적절한 거리를 두고, 원한도 악의도 없이 쓰인 소설의 작법에 대해 잘 말해 줄 것이라고 믿는다.

한없이 현명하고 교활한
한 편집자에 대하여*

혼자 살며 글쓰기에 절박하게 매달려 보낸 브루클린에서의 몇 해 동안 조지에게는 단 한 사람 진정한 친구가 있었으니, 그는 바로 자신의 편집자 폭스홀 에드워즈였다. 두 사람은 많은 시간을 함께 보냈다. 세상사에 대해 안 건드리는 데가 없을 만큼 끝없이 대화를 이어가던 그 멋진 시간은 너무나도 자유롭고 충만해서 두 사람을 가장 가까운 친구로 굳게 결속시켜 주었다. 그 우정의 바탕에는 공통의 취향과 관심사, 상대방을 향한 호의와 경탄, 그리고 드물게 어떤 화제에 대해 견해나 신념이 일치하지 않을 때조차 서로 거침없이 자기 생각을 밝혀도 되는 상호 존중의 태도가 깔려 있었다. 말하자면 오직 두 남자 사이에서만 가능한 우정이었다. 그들 사이에는 남녀 관계를 늘 위협하는 독점욕도 없었고, 자연의 섭리에 부합하지만 두 사람의 동행에 의무

---

* 이 글은 울프가 《그대, 다시는 고향에 가지 못하리》(1940)에서 퍼킨스를 모델로 삼은 인물인 '폭스홀'을 묘사한 28장 〈폭스The Fox〉 편을 번역한 것이다.

와 책임, 권리와 기득권이라는 숨 막히는 덮개를 들씌움으로써 동행을 지속하고자 하는 간절한 희망을 꺾어놓는 육체적이고 감정적인 몰입도 없었다.

둘 중 연장자는 젊은 쪽에게 친구일 뿐만 아니라 아버지였다. 정도 사랑도 넘치는 다혈질 남부 사람인 웨버는 에드워즈에게서 오래전 세상을 떠난 아버지를 발견했다. 가문의 계승을 중시하는 내성적인 뉴잉글랜드 사람 에드워즈는 내내 아들을 원했지만 다섯 딸의 아버지로 살고 있었기에 점점 조지를 수양아들처럼 여겼다. 이렇게 두 사람은 자신들도 의식하지 못하는 사이에 상대방을 자신의 정신적 가족으로 받아들이게 되었다.

그래서 조지는 외로움에 견딜 수 없을 때 폭스홀 에드워즈에게 의지했다. 때때로 마음이 요동치거나 혼란스럽거나 자기 자신에 대한 회의가 밀려들 때, 브루클린 거리의 황량함이 피와 골수에까지 스며드는 듯 삶이 답답하고 김빠지고 공허할 때, 그는 에드워즈를 찾아갔다. 그리고 그 걸음은 한 번도 헛되지 않았다. 에드워즈는 늘 그렇듯이 바빴지만, 만사를 제쳐놓고 조지를 데리고 나가 점심이나 저녁을 함께 먹으며 그 조용하고 범상하고 완곡하고 너그러운 말 걸기로 조지로 하여금 자신을 괴롭히던 게 무엇인지 깨닫도록 이끌었다. 그리고 언제나 이 만남의 끝에 조지는 에드워즈의 신뢰에 힘입어 치유되고 기적적으로 자신감을 되찾곤 했다.

원래의 이름은 폭스홀이지만 간편하고 소박하게 폭스(여우)라고 불리기를 더 선호하는 이 위대한 편집자이자 고해 신부이자 참된 친구는 대체 어떤 인간인가? 조용하고 수줍고 예민하고 담대한 가슴의 소유자이면서, 잘 모르는 사람 눈에는 종종 괴짜처럼 보이고 차갑고 무심한 친구로 비치기도 하는 그는.

잠이 든 폭스는 속임수라고는 모르는 순진함이 고스란히 담긴, 숨 쉬는 초상화였다. 그는 오른쪽으로 누워 다리를 약간 구부리고, 두 손은 귀 밑에 포갠 채, 모자는 바로 옆 베개 위에 얹어두고 잤다. 그렇게 잠든 폭스의 모습은 마흔다섯 살이라는 나이에 어울리지 않게 완전히 소년 같아서 보는 이를 뭉클하게 했다. 바로 옆 베개 위에 올려놓은 저 모자는 이 소년이 간밤에 잠자리에 끌어들인 장난감일지도 모른다는 추측이 그리 터무니없게 들리지 않을 정도다. 게다가 저 모자는 진짜로 그랬으니까!

자는 동안에는 마치 폭스에게서 다른 부분은 다 사라지고 소년만이 남는 듯했다. 잠은 그에게서 지난 세월의 모든 변화를 지워버려 그를 자신의 삶의 핵심인 소년기로, 올챙이 시절로 되돌려 놓는 듯했다. 잠은 그리하여 그가 변화와 세월과 온갖 경험의 퇴적물에 떠밀려오면서도 어떤 가치들을 결코 저버리지 않도록 지켜주었다. 이제는 복원되어 본연의 일체감을 되찾은 가치들을.

그런가 하면 폭스는 교활하기도 했다. 음, 교활한 폭스 맞다. 교활한 중에 어쩌면 그리 순진하고, 순진한 중에 어쩌면 그토록 교활한지! 어찌나 영악하면서도 솔직하고 영악하고도 솔직한지, 매사에 얼마나 별스럽게 기만적인지, 너무나도 별스럽게 기만적인 와중에도 얼마나 단도직입적인지! 그는 비딱하다고 하기에는 너무나 곧고, 시기하기엔 너무나 차분하고, 걷잡을 수 없이 편협하다고 하기엔 너무나 공정하고, 미워하기엔 너무나 막강하고, 눈속임질을 하기엔 너무나 정직하고, 저열한 의심을 품기에는 너무나 고상하고, 온갖 악덕한 흉계에도 불구하고 순수했다. 그러나 아직 단 한 번도 사기를 당해 본 적이 없다.

그러니까 그는 평생 소년으로, 믿음직한 어린이로 사는 거다. 교활하고도 정직한 폭스이지만 천사도 바보도 아닌 폭스로. 매사에 여우처럼 처신하면서. 울타리로 냅다 돌진하거나 울타리를 들이받기보다는 덤불에 숨어서 몰래 엿보다가 숲을 빙 둘러, 또는 담벼락을 따라 달아나는 여우처럼. 사냥개 무리를 만나면 방향을 홱 틀어 개들을 따돌린 다음, 개들이 엉뚱한 곳을 뒤지도록 속여 넘기고 멀리 도망치는 여우처럼. 그는 그들을 고의로 속이려 들지 않지만 결과적으로 속인다.

그는 여우처럼 매사에 모서리를 피한다. 절대로 큰길을 선택하지 않고 낡은 손잡이를 잡지 않는다. 낡은 손잡이를 보면 "아, 이거네"라고 말하지만 아무리 많은 사람이 사용했던 손잡이라 할지라도 그게 자기한테 알맞은 손잡이가 아니라는 것을 안다. 당장 알맞은 손잡이를 구해서 그것을 잡는다. 그 요령은 아무도 모르고 폭스조차 모르지만 그는 즉각 해낸다. 폭스가 하면 누워서 떡 먹기처럼 쉬워 보인다. 그는 그런 능력을 타고났기 때문이다. 그건 특별한 재능이다.

우리의 폭스는 냉정해지지도 들뜨지도 않고 언제나 담백하다. 그는 모든 일을 남의 눈에 쉬워 보이게 해낼 뿐 자신을 빛내는 법이 없다. 폭스가 했으면 누구라도 할 수 있다고 여기게 만드는 것이다. 게임에서 어느 선수보다 부지런히 뛰지만 전혀 그렇게 보이지 않는다. 그의 취향은 결코 틀에 박히지 않았고 취향 자체가 아예 없는 것처럼 보이기도 한다. 그가 활시위를 당길 때, 흥분한 군중은 긴장이 고조되어도 절대 숨죽이지 않는데, 그건 폭스가 겨냥하는 모습을 아무도 못 보았기 때문이거니와, 그가 쏘는 화살은 절대 빗나가지도 않는다. 다른 사람들은 목표물을 제대로 겨냥하는 방법을 익히는 데 평생이 걸린다. 그들은 활쏘기에 맞춤한 제복을 입고 격식대로 전진하고 숨죽인 세상을 향해 조용히 하라는 신호를 보낸다. 그들은 "우리가 활을 쏩니다!"라고 말하면서 나무랄 데 없는 격식과 모양새로, 완벽한 솜씨로 목표물을 향해 활시위를 당긴다. 하지만 화살은 빗나가고! 위대한 폭스는 전혀 겨냥하는 것 같지도 않은데 언제나 명중한다. 왜 그럴까? 그는 그렇게 타고났다. 운 좋고 재능 뛰어나고 순수하고 단순한 소년으로. 그리고 한 마리 여우로!

"아, 저 교활한 폭스!" 겨냥했으나 빗맞힌 자들은 말한다. "지긋지긋하게 예리하고 성가시고 교활하기 이를 데 없는 폭스!" 그들은 이를 갈며 외친다. "겉모습만 보고 속아 넘어가면 안 돼. 상대는 교활한 폭스니까! 폭스를 믿지 마, 그런 인간을 믿지 말라고. 수줍고 정직하고 어리바리해 보이지만 그의 화살은 절대 빗나가지 않아."

겨냥했으나 빗맞힌 자들은 서로 분통을 터뜨린다. "대체 무슨 수를 쓰는 거지? 그 인간의 비법은 무엇일까? 겉보기엔 별것 없어 보이고 말 붙일 가치도 없어 보이는 인간인데. 그는 사람들 앞에 코빼기도 비치지 않아. 사교계랑은 담 쌓고 살잖아. 연회나 파티나 화려한 접대 자리에서 그 인간을 본 적 있어? 그는 사람들하고 어울려 지내려는 노력을 전혀 안 하지, 전혀. 아니, 말을 걸 생각조차 안 해. 그는 말이라는 걸 아예 안 해. 그가 가진 건 뭘까? 그걸 어디서 얻었을까? 우연일까, 행운일까? 수수께끼야."

"글쎄, 이건 내 생각인데…" 한 사람이 입을 열자 좌중이 서로 바짝 다가서서 노회한 쑥덕공론을 시작한다. 다른 한 사람이

"아니지, 그건 아니지. 그가 뭘 하는지 내가 말해 줄게. 그건 말야…" 하고 소리칠 때까지. 그러곤 다시 얼굴을 맞대고 쑥덕거리다가, 갑론을박 말싸움이 점점 혼란에 빠져들고 급기야 통제 불능으로 격렬해진다.

한 사람이 소리친다. "흥, 어쨌거나 그 인간의 비결이 뭐냐고, 뭘로 버티는 거지? 감도 지식도 경험도 전혀 없어 보이는 그 사람이? 그는 우리와는 일 처리 방식도 다르잖아. 함정을 파거나 덫을 놓는 식이 아니지. 일이 어떻게 돌아가는지, 뭐가 중요한지도 모르는 것 같고. 그런데도 그렇다니 말야…"

"그는 그저 속물이야!" 누군가 거칠게 내뱉었다. "그는 누군가 좀 잘해 주면 깔아뭉개. 장난을 걸면 빤히 쳐다보고. 누구한테 악수 한번 청하는 꼴을 못 보겠고, 진실한 이들이 하듯이 남을 등 도닥이며 격려하는 법도 없어. 애써 잘 대해 줘봐야, 그러니까 굳이 괜찮은 인간인 체하고 그도 괜찮은 인간이라고 여기는 체해 봐야 돌아오는 게 뭐였겠어? 썩은 미소나 지으며 쓱 쳐다보고 돌아설 뿐이야. 게다가 사무실에서 그 빌어먹을 모자를 온종일 쓰고 있잖아. 아마 잘 때도 쓰고 잘 걸? 그는 절대 상대방에게 앉으라고 권하지도 않고, 상대방이 자기한테 말하는 도중에 자리에서 일어서기도 해. 대놓고 무시하는 거지. 그런가 하면 밖으로 나가 눈에 들어오는 사람마다, 그래 봐야 다 자기 동료들인데, 빤히 쳐다보면서 이리저리 돌아다니지. 마치 반쯤 얼이 나간 멍청이처럼. 그러다가 20분쯤 뒤에 어슬렁거리며 도로 자기 사무실로 들어가서는 상대방을 생전 처음 본다는 듯이 쳐다봐. 그러곤 그 빌어먹을 모자를 귀 언저리까지 더 눌러쓰고는 시선을 딴 데로 돌리고는 양복 깃을 매만지면서 그 짜증 나는 미소를 지으며 창밖을 내다보다가 다시 상대방에게 시선을 돌려 위아래로 훑으면서, 그 사람이 자기 모습이 개코원숭이로 변하기라도 했단 말인가 하고 당황할 정도로 빤히 쳐다보지. 그러곤 입을 꾹 다문 채 시선을 창문으로 옮겼다가, 재차 상대방을 쳐다봤다가, 이제 비로소 상대방을 알아봤다는 듯이 이렇게 말하지. '아, 왔군!' … 그가 속물이라는 건 바로 이런 식으로 상대방에게 위화감을 조성하기 때문이야. 이보라고, 내가 그를 좀 알아. 그가 어떤 사람인지 안다고! 그는 케케묵은 뉴잉글랜드 가문 출신이야. 젠장, 하느님보다도 더 오래된 가문일 걸? 하느님 말고는 누구 앞에서라도 황송한 존재지! 아니, 어쩌면 하느님도 그 앞에서 황송해할지도 모르지.

그는 부잣집 아들에 그로턴Groton*에다가 하버드를 나온, 맹세코 우리 같은 부류와 어울리기에는 너무 고상한 귀족이야!

---

* 미국 매사추세츠주에 있는 명문 기숙학교.

이 바닥에 종사하는 대다수 '천한 것들'은 넘볼 수도 없지! 그에게 우리는 한 무리의 사무원이자 장사치일 뿐이야. 그래서 우리를 그런 식으로 대하는 거지. 썩은 미소를 짓거나 외면하거나 우리가 말을 붙여도 양복 깃이나 매만지며 대꾸도 하지 않는 게 다 그래서야."

다른 이가 툭 끼어들어 말했다. "아니지, 잘못 짚었어. 그가 썩은 미소를 지으며 고개를 돌리는 건 귀를 대고 열심히 들으려는 거야. 말을 걸어도 대꾸를 안 하는 건 귀가 멀었기 때문이고…."

"귀머거리라!" 또 다른 이가 비웃으며 말했다. "귀머거리 같은 소리 하고 있네. 그는 여우 같은 귀머거리야. 작전상 귀머거리처럼 구는 거라고. 계략이지. 속임수. 그는 듣고 싶을 때만 상대방 말에 귀를 기울여. 솔깃할 내용이면 십 리 밖에서 속삭이더라도 다 들을 걸? 그는 여우야, 진짜로."

좌중이 이구동성으로 외친다. "맞아, 여우야 여우. 그것만은 분명해. 그 인간은 여우야!"

겨냥하지만 빗맞히는 자들은 이렇게 쑥덕거리고 이러쿵저러쿵하며 결론을 내렸다. 그들은 폭스와 아주 가까운 사람들, 친구들을 아부와 독한 술로 포섭해 폭스라는 수수께끼의 진상을 캐내려고 용을 썼다. 그들은 아무것도 알아내지 못했다. 왜

냐하면 캐낼 거리도, 남에게 귀동냥할 입담거리도 애초에 없었으니까. 그들은 결국 분하고 낭패스러운 마음으로 이 일을 없던 걸로 돌렸다. 그러고는 또 다른 본연의 작업에 착수했다. 겨냥하기. 그리고 빗맞히기!

이윽고 그들은 자기들 나름으로 뉴욕의 그가 머무는 곳들에 기묘한 함정을 파서 삶을 포위한다. 그들은 계략을, 교묘한 전술을 짠다. 한 건 낚기 위해 음흉한 계획을 세운다. 그들은 (위대한 폭스가 자는 틈을 탄) 완벽한 야간 측면 공격 작전을 세운 다음, 적이 한눈파는 사이에 적진으로 숨어들어 틀림없이 승리를 거머쥘 거라고 확신하며 눈부신 공격에 돌입해서는 활을 쐈으나, 결과는 오로지 자기들의 터무니없는 육감만 믿고 서로 고통스럽게 저격했을 뿐!

그러는 동안 폭스는 밤새 어린아이처럼 새근새근 달콤한 잠에 빠져 있다.

밤이 지나 동이 트고 여덟 시가 된다. 잠에서 깨어난 뒤의 그는 어떠한가?

마흔다섯 살의, 사실 나이보다 젊어 보이는 건 아니지만 어딘지 소년 같은 구석이 있는 남자. 더 정확히 말하자면 그 얼굴의 테두리 안에, 두 눈 뒤로, 뼈와 살의 연립 구조 안에, 거기 갇히지는 않고 다만 머물러 있는 소년이 보인다. 세월이 흘러 틀은 조금 낡았고 눈가에는 잔주름이 졌다.

한때 아름다운 금발이었던 머리칼은 이제 관자놀이 근처를 희끗희끗하게 덮고 있고, 다른 부분도 세월 따라 철회색과도 같은 어두운 색으로 변했다. 그러나 어둡게 가라앉은 머리칼조차 한때 아름다웠을 금발을 짐작케 한다. 아직 소년 같은 준수하고 자그마한 두상을 빽빽하게 채운, 이마 한가운데에 이르러 브이 자를 그리는 두발은, 뒤로 맵시 있게 빗어 넘겨진 모습이 자연스럽고 우아하기 이를 데 없다. 특이한 흐린 빛을 머금은, 먼 바다의 날씨 같은 연푸른 빛깔의 눈동자는 쾌속 범선을 타고 중국을 향해 여러 달째 항해 중인, 그간 익사하고 침몰한 것들이 담긴 뉴잉글랜드 선원의 눈동자를 닮았다.

얼굴의 전체적인 모습을 보면 다소 여위고 기름하고 좁다. 선대부터 내려오는 얼굴, 길러진 얼굴, 몇 대에 걸친 닮은꼴 얼굴이다. 화강암처럼 끄떡없는 견고함을 갖춘 근엄하고 외로운 얼굴, 뉴잉글랜드 해안의 얼굴, 실로 그의 할아버지의 얼굴, 벽난로 선반에서 침대를 바라보고 있는 흉상의 주인공인 뉴잉글랜드 정치인의 얼굴. 그렇지만 폭스의 얼굴에는 화강암의 원시성과는 차별되는 어떤 변화가 일어났으니, 모종의 삶의 광채와 온기가 여전히 본질적으로는 화강암 같은 골상을 풍요롭고 부드럽게 만들어놓은 것이다.

폭스는 내면에 타오르는 등불을 품고 있었고 그 빛이 얼굴을 통해, 낱낱의 몸짓과 품위, 그리고 어딘지 날렵하고 기민하고 가변적이고, 그리고 다정하고, 어딘지 감추고 억제하는 듯한, 그러나 열정적인 행동을 통해 발산되었다. 그런 행동은 어머니의 얼굴에서 비롯되었을 수도 있고, 아니면 아버지 얼굴에서, 또는 아버지의 어머니 얼굴에서 비롯되었을 수도 있다. 화강암을 온기로 완화하는 그 무엇, 시와 직관과 천재와 상상력과 삶과 내적 광채와 아름다움에서 비롯된 그 무엇.

게다가 이 얼굴은 균형 잡힌 두상, 새의 눈알처럼 둥글고 딱딱한 뼈대에 둘러싸인, 먼 곳은 희미하고 뿌옇게 보이는 두 눈, 끝부분이 휜, 조금 냉소적이고, 귀족적이며, 예민하고, 킁킁거리고, 사냥개의 코처럼 재빠르게 벌름거리는 강하고 곧은 코와 어우러졌다. 그리하여 열정적이고 자신만만한 평온함이 가득한 그 얼굴은 거의 위대한 시인의 얼굴, 아니 어떤 이상하고 대단한 새의 형상에 가깝다 해도 과언이 아니었다.

그러나 방금 그 잠자던 인물이 뒤척이며 눈을 뜨더니 귀를 쫑긋하고 몸을 일으켜 순식간에 활동을 개시했다.

"어라?" 폭스가 말했다.

여우가 막 잠에서 깨어났다.

동시대인들과 미래 세대를 위한 작가, 토머스 울프*

_ 맥스웰 퍼킨스

10여 년 세월 동안 그를 속속들이 알고 있다고 생각했으나 그가 세상을 떠난 뒤 애슈빌을 방문했을 때 나는 그를 조금 더 잘 이해하게 되었다.

그곳은 너무나도 높고 거대하고 난공불락인 산들에 둘러싸여 있어서 감옥에 갇힌 듯한, 온 세상에서 떨어져 나간 듯한 느낌을 준다. 숲을 관통하고 협로를 지나고 마침내 연이어 휘돌고 있다는 느낌을 주는 나선형 도로들까지 통과해야 하는, 길고 구불구불한 여정 끝에 기차는 우리를 그곳에 데려다준다. 산은 너무나 웅장하고 교교한 나머지 어엿하게 잘 돌아가고 있는 도시 애슈빌이 작은 읍내처럼 보이게 만들었고, 북부와 남부와 서부의 모든 대단한 세상, 그리고 과거의 세상마저 저 너머에 있었다.

---

* 이 글은 문학 길드에서 간행한 〈윙스Wings〉지 1939년 10월호에 수록되었다.

밤에 종종 기적이 울고, 기차가 그 많은 굽은 길을 에돌아 나아가는 동안 톰이 그 소리에 귀 기울일 때, 그에게 기차는 그저 멀어져 가기만 하는 것이 아니었다. 기차는 첩첩산중을 돌고 돌며 빠져나가 미지의 세계, 애슈빌 안이나 애슈빌 언저리의 일상과 전혀 다른 세계로 접어드는 것이었다.

이런 유폐된 환경이 톰의 상상력을 살찌웠고 경험에 대한 억눌린 갈망을 가중시키고 절실하게 만들었으리라고 짐작할 수도 있다. 그런 점이 그를 지금의 그로 만든 것은 당연히 아니지만, 그의 행동과 글의 특징에 자격을 부여했다. 자라난 환경은 그의 글에 독특한 강렬함과 과격성을 부여했고 나중에는 그의 감각을 확장했으니, 이는 감옥에서 풀려난 사람이 주어진 시간이 충분하지 않은 탓에 맹렬하게 보고 읽고 맛보고 느끼고 모조리 기록하는 것과 같다.

그는 아마도 그 덕분에, 아울러 기차가 미로와도 같은 산의 절벽들을 휘돌며 사라지는 소리에 귀 기울였던 덕분에, 늘 그를 따라다닌 강박 관념인 미국에 대한 최초의 거대한 대륙적 시야를 얻었을 것이다. 산들을 훌쩍 뛰어넘어, 듣고 읽은 것, 나아가 훗날 본 것들을 먹고 자란 그의 상상력은, 그로 하여금 광대하고 제멋대로 뻗어나가는, 쓸쓸한 땅덩어리 전체를 조감하게 했다. 톰은 가장 넓은 의미에서 시인이었다, 비록 자신은 전혀 몰랐고 결코 믿으려 하지 않았겠지만. 그는 종종 말했다. "능력만 있다면 누구나 시인이 될 수 있습니다." 그러나 그는 시인은 본능적으로 운문을 쓰는 사람, 운율의 엄격한 규칙에 집착하는 사람이라고 여겼다.

그의 책들의 출판을 준비하는 과정에서 우리는 때로 '네 사람의 고인, 즉 가필드, 아서, 해리슨, 헤이즈'처럼 반만 서술체인 대목들, 때로 '다시 10월이 왔다'처럼 온전히 서정시적인 대목들, 또 '국가의 이름들'처럼 또 다른 대목들과 마주쳤고 그 처리를 두고 고민했다. 그것들은 관습적인 견지에서 소설에 포함하기에 알맞지 않았다. 그것들은 전혀 서사적이지 않은 채로 소설에 끼어들어 있었다. 그런데도 삭제하기에는 너무나 멋지거나 굉장했다. 그러나 이탤릭체로 따로 떼어내 막간의 글 토막으로 처리할까 고려하기도 했던 그 대목들은 사실 서사보다도 더 핵심적으로 톰이 꼭 하고 싶었던 이야기였는지도 모른다. 그런 대목들이야말로 시인이 말하는 대목들이었으니, 우리는 그것들을 원래대로 살려두는 게 옳다는 결론에 도달했다. 그런데도 한동안 나는 그 대목들만을 따로 추려내 《국가의 얼굴The Face of a Nation》*처럼 별도의 책으로 펴내기를 소망했었다.

---

* '토머스 울프의 작품들에서 뽑은 시적인 문구들'이라는 부제를 달아 1939년에 뉴욕 스크리브너스 출판사에서 출간되었다.

우리 시대에 울프보다 더 이야기를 세밀하게 쓸 수 있는 작가는 아마 없을 것이다. 《거미줄과 바위》의 1부에 나오는 여섯 에피소드만 봐도, 미쳐 날뛰는 용감한 흑인이 살해되는 대목의 서술이 특히나 그러하다. 그러나 본연의 모습에서 톰은 시인이었으니, 빛깔과 냄새와 맛과 소리와 촉감 하나하나에 환희를 느끼던 소년 시절부터 그랬다. 고통스러운 집필 작업에서 일시적으로 벗어났을 때도 그는 언제나 그러한 본모습을 보여주었다.

이를테면 뉴욕에서 살 때, 밤샘 작업을 마친 그가 즐겨 하던 일은 웨스트 거리 너머, 페르슈롱산 말처럼 큰 말들이 끄는 짐차가 농산물을 실어 나르고, 청록색 양배추, 과일 더미, 자줏빛 가지가 현란한 빛 아래 좌판을 가득 채우는, 이른 아침의 시장을 방문하는 것이었다. 그곳에는 타그닥거리는 발굽 소리, 덜커덩거리는 바퀴 소리, 괄괄한 마부들과 식료잡화점 점원들의 고함이 뒤섞여 있었다. 톰은 늘 입고 다니는 너풀거리는 비옷에 낡은 검정 펠트 모자를 쓴 채 그 사이를 느리고 기운차고 시골 사람 같은 걸음새로 누비기를 좋아했다.

그가 초저녁에 우편물을 챙기러 사무실에 들르는 날이면 우리는 함께 비크먼 타워 옥상으로 올라가 해가 지는 난간에 기대어 저 아래 빈약한 다리들과 브루클린 부두를 내려다보고, 흰색 밤배들이 안개를 헤치며 천천히 이스트강을 거슬러 올라가

사운드로 향하는 풍경을 바라보곤 했다. 그 타워에서는 맨해튼 전체가 다 보였다. 톰은 그쪽을 바라본 적이 없었으나, 맨해튼섬을 (작품들에 나오듯이) 뾰족한 뱃머리를 바다 쪽으로 돌린 거대한 배에 견주었다.

그런 장소로 향할 때면 그는 지금쯤 한창 사람들이 꽉 들어차고 역사의 활동이 최고로 왕성할 그랜드센트럴 역에 들르려고 빙 돌아가는 길을 택하곤 했다. 그 역사는 그가 뉴욕에서 가장 사랑하던 장소였다. 그는 싫증 내는 법이 없었다. 그는 군중보다 더 높은 곳에서 서성거리고 바라보고 귀 기울이곤 했다. 그를 붙든 것은 역의 부산함이나 북적거림 같은 삶과 세월의 소리뿐만 아니라 기관차가 뉴욕, 뉴헤이븐, 하트퍼드를 향해 불 켜진 객차를 여러 칸 달고 이 역을 미끄러져 나가는 광경이었다.

그는 종종 술집에 들러서 한잔했고, 수많은 바텐더가 그의 친구였다. 그는 경청했다. 그는 바에 걸터앉아 수수한 사람들이 혀가 약간 풀리거나 완전히 꼬인 채 들려주는 생생하고 표현이 풍부한 이야기 듣기를 즐겼으니, 그들이 삶의 언어로 이야기했기 때문이다. 그러나 그 자신이야말로 최고의 이야기꾼이었다. 그는 상상을 초월하는 시각에 내게 전화를 해서 온종일 아무것도 안 먹었다면서 같이 어디 좀 가자고 말했다. 그는 독일·프랑스·터키·중국 음식을 하는 뉴욕의 온갖 식당을 꿰고 있었고, 그런 동행의 시간만큼은 종종 글쓰기의 고통을 잊고 자신의 마음을 강렬하게 사로잡았던 것들, 말하자면 케임브리지의 캠강을 가린 안개나 네덜란드의 타는 듯이 붉은 튤립 꽃밭 또는 옥스퍼드의 종소리에 대해 이야기했다. 그러면 그는 얼굴이 환해졌고 그 순간 이야기하고 있는 것 이외의 모든 것을 잊은 채, 상대방에게 그때 자기가 느꼈던 그대로가 전달될 만큼 자세하게 그것에 대해 이야기했다. 그의 작품들을 익히 아는 사람조차, 그에게서 직접 들은 내용을 작품으로 읽은 것만큼이나 선명하게 기억하는 탓에, 어떤 내용이 톰에게서 직접 들은 이야기인지 아니면 책에서 읽은 것인지 얼른 가리지 못했다.

그리고 거의 언제나 톰의 화제는 미국이었다. 그는 누구보다도 미국을 사랑했고, 그러면서도 누구보다도 통렬하게 미국의 불공정성, 폭력성, 낭비, 불평등을 비판했다. 그는 때로 미국을 증오하는 것처럼 보였다. 그러나 그 증오는 사랑에서 나온 것이었다. 그는 유럽을 방랑했기에 유럽을 잘 알았고, 프랑스인들은 '고양이 무리'이고 '영국인들은 이가 흔들린다'라고 하면서도 그 나라들을 좋아했고 우리에게 없는 무엇을 그들이 가지고 있는지 정확히 알고 있었다. 그러면서도 여전히 언제나 머릿속엔 미국 생각이 가득했고, 그는 미국이 다른 어떤 나라와도 견줄 수 없는 나라라고 여겼다. 그는 이곳에서는 모든 빛과 색깔이 다 다르다는 것을, 갖가지 땅의 성격과 사람들의 다양성을 알았다. 바로 그러한 이유로 그는 미국에서 예술가—그가 말하는 예술가란 특히나 시인을 의미할 것임이 틀림없다—의 과업은 이제 겨우 걸음마 단계이며, 앞으로 미국인들 앞에 미국을 까발려 보여주는 게 자신의 임무라는 생각을 뼈저리게 했다. 그는 미 대륙에 대한 이러한 통찰을 유독 시적인 글귀들, 절절한 운문에 부려놓았다.

《시간과 강에 대하여》를 성공적으로 발표하고 몇 달 뒤, 찌는 듯이 더웠던 7월 4일에, 나는 증기선에서 내린 톰을 만났다. 해외에서 멋진 시간을 보냈고 독일에서 엄청난 평판을 얻었음에도 불구하고, 그는 고국에 돌아왔다는 사실에 어린아이보다도 더 행복해하는 듯했고 뉴욕을 곧장 원 없이 보기를 간절히 바랐다. 그날 오후부터 밤까지 우리는 55번가 이스트강에 떠 있는 레스토랑에서부터 빛나는 도시 전체와 항만이 발아래 펼쳐지는 브루클린 세인트조지 호텔 옥상까지 훑고 돌아다녔다.

톰은 뉴욕과 브루클린에서 한 해가 멀다 하고 거처를 여덟 아홉 번쯤 옮겨 다녔을 것이다. 그러고는 뉴욕 거리를 끝없이 걸었다. 그래서 나중엔 그 도시의 온갖 모습을 속속들이 알게 되었지만, 그는 도시인은 아니었다. 도시는 그를 매혹시켰지만 그는 진정으로 도시에 익숙해진 적이 없으며 도시살이에 만족한 적도 없었다. 그는 늘 거시적 의미의 미국을 생각했고, 아직 못 가본 지역으로 여행 떠날 계획을 세웠으며, 마침내 떠났다. 계속 바뀌었던 그의 거처는 늘 잠시 머물고자 방금 들어온 임시 숙소처럼 보였다. 무엇이든 간에 소유하는 데에는 아무 관심이 없었던 탓이기도 했지만, 그보다는 세상천지 구경에 골몰하면서 멀리 방랑하는 자의 기질을 타고난 탓이고, 방은 그를 붙들어 앉힐 수 없는 최소한의 생활 근거에 지나지 않았다. 그곳에 머물러 있을 때조차도 그의 정신은 그곳에 없었다. 그에게는 실제로든 상상으로든 구석구석 쏘다닐 대륙이 필요했다. 그러므로 그의 자리는 미국 전역이었다. 미국은 그의 가장 깊은 근심거리였고, 나는 그가 사상 최초로 미국을 동시대인들에게, 그리고 내일의 작가와 예술가와 시인 들에게 열어 보인 작가라고 믿는다. 분명 그는 우리에게 들려줄 이야기가 있었다.

옮긴이의 말

뉴욕의 한 출판사. 한 편집자가 거대한 원고 뭉치를 들고 다른 편집자의 방으로 들어와 책상 위에 부려놓으며 검토를 요청한다. 퇴근길, 코네티컷행 통근 열차 안에서 편집자는 첫 페이지에 '오, 사라진 것들이여 O Lost'라는 제목(《천사여, 고향을 돌아보라》의 원제)이 적힌 원고를 읽기 시작한다. 귀가한 뒤에도 그는 식구들과의 저녁 식사 시간 말고는 내내 그 원고에 붙들려 있다. 이튿날 출근하는 열차 안에서 그 원고를 마침내 다 읽어낸 편집자의 얼굴에 '괴물이 하나 나왔구나' 하는 표정이 스쳐 지나간다.

그 얼마 뒤, 헤밍웨이의 《무기여, 잘 있거라》를 손질하던 그 편집자 앞에 원고 뭉치의 주인공이 나타난다. "뉴욕의 편집자 놈들은 하나같이 내 글을 싫어해요." 이번에도 퇴짜 맞을 것을 각오한 그에게 편집자는 이 원고를 출판하고 싶다고 말하며 계약금으로 500달러 짜리 수표를 내민다.

요절한 20세기 미국 소설가 토머스 울프와 출판사 찰스 스크리브너스 선스Scribner's Sons(본문에서는 편의상 '스크리브너스 출판사'로 표기했다)의 전설적인 편집자 맥스웰 퍼킨스를 주인공으로 한 영화 〈지니어스Genius〉(2016)는 이렇게 시작한다. 이 영화가 개봉되던 해 7월 13일자 〈뉴요커〉에 실린 테드 프렌드Tad Friend의 글 〈유령 편집자Ghost Editor〉의 한 토막을 옮겨 본다.

스콧 버그Scott Berg는 1978년에 전기 《맥스 퍼킨스: 천재의 편집자Max Perkins: Editor of Genius》를 펴냄으로써 맥스웰 퍼킨스를 그가 머물고 싶어 했던 숨은 편집자의 자리에서 대중 앞으로 끌어냈다. 원고 더미에 파묻혀서 살았고, 늘 페도라를 썼고, 피츠제럴드, 헤밍웨이, 울프를 발굴하여 출판한 사람답지 않게 혁신을 개탄했던 과묵한 뉴잉글랜드 사람을 이 전기는 훌륭한 솜씨로 그려냈다. 그가 발굴한 세 소설가의 매력은, 할리우드의 유니버설 영화사가 전기의 영화화를 서두르게 만들었다. 그런데 스콧 버그의 기억에 따르면, 영화사 대표는 대본의 3쪽까지 읽고 이렇게 반문했다고 한다. "출판 편집자가 주인공이라고요?" 그로부터 38년이 흘러, 마침내 영화 〈지니어스〉가 세상에 나왔다. 퍼킨스는 영화에서 빨간색 연필을 언월도처럼 휘두르는 액션 히어로가 되었다.

〈영화 '지니어스'는 토머스 울프에게 새 독자들을 안겨줄까?〉라는 제목의 또 다른 기사도 재미있다. 〈크리스천 사이언스 모니터〉 2016년 7월 26일자에 실린 대니 하이트먼Danny Heitman의 글이다.

어떤 문학 작품이 다음 유행을 탈지 예측하기는 어려운 일이지만 이번 여름 독서 시장에 대해 한 가지는 무난히 예측할 수 있다. 토머스 울프를 주인공으로 내세운 새 영화 덕분에 사람들이 너도나도 토머스 울프의 소설을 찾아 읽을 리는 없다는 것이다. 콜린 퍼스가 전설적인 출판 편집자 맥스웰 퍼킨스를, 주드 로가 그의 추진력에 이끌려 첫 책《천사여, 고향을 보라》(1929)를 세상에 내놓는 토머스 울프를 연기한 영화 〈지니어스〉에서 토머스 울프(1900-1938)는 거의 천재로 묘사된다. 울프의 문학적 감수성이 너무나 기이했던 나머지, 오늘날 세상에는 그의 소설 자체보다는 책의 출판 과정에 얽힌 이야기가 더 널리 알려졌다. 울프는 필력이 왕성한 작가였고, 퍼킨스는 작가의 필리버스터 산문을 잘라내는 일에 용맹하게 매달렸다. 《천사여, 고향을 보라》를 읽어보시라. 그리고 나서 가엾은 퍼킨스가 충분히 잘라내지 못했다는 결론에 이른다 해도 당신에게는 잘못이 없다.

《천사여, 고향을 보라》의 한국어 번역본은 아직 없다. 따라서 한국어 독서 대중은, '퍼킨스가 충분히 잘라냈는지' 알아볼 수 없다. 울프의 작품으로는 《그대, 다시는 고향에 가지 못하리》가 번역(또는 발췌역)되어 출판된 적 있으나 지금은 절판되었다. 《무명작가의 첫 책》이 현재로서는 유일한 울프 번역본인 셈이다. 여기에 실린 두 편의 산문에는 울프가 첫 소설 《천사여, 고향을 보라》로 유명 작가가 되기까지의 이야기, 첫 책의 성공이 우연한 일인지 모른다는 평단과 독자의 시선을 온몸으로 의식하며 자그마치 5년의 몸부림 끝에 두 번째 소설 《시간과 강에 대하여》를 출간하기까지의 이야기가 담겨 있다. 울프의 정신적 성장기이자 유럽 여행을 통한 미국 재발견의 기록이자 삶과 예술에 대한 유언이다.

번역을 위해 참고한 여러 판본 중 하나의 편집자인 레슬리 필드Leslie Field는 이 두 편 산문의 의미를 아래와 같이 짚어준다.

… 포크너, 피츠제럴드, 헤밍웨이를 비롯한 동시대 작가들 중에 오직 그만이 예술가의 창조 과정에 대한 설명을 시도했다. 이 점에서 울프는 그의 위대한 19세기 선배들인 마크 트웨인, 헨리 제임스를 닮았다. 그들도 소설가가 자신의 경험과 생각을 어떻게 소설 창조로 바꾸는지 애써 알렸다. 작

가의 역할에 대한 울프의 묘사는 동시대 작가들의 그것과 비슷하거나 종종 그것을 뛰어넘는다. 그는 포크너처럼 남부에 대한 자신의 시각을 작품에 피력해야 한다고 생각했다. 이를테면 흑인 대 백인, 남북전쟁, 요크나파토파 영토의 견인력에 대해서. 그는 피츠제럴드처럼 로스트 제너레이션, 재즈 시대, 부富, 잡힐 듯 잡히지 않는 아메리칸드림에 대해 썼다. 그는 헤밍웨이의 주인공 창조를, 남자다움의 규범을, 억압 아래의 기품을 경탄했다.

그러나 아마도 울프는 실은 월트 휘트먼에 더 가까울 것이다. 울프는 휘트먼처럼, 자신에 대한 집착에서 자기 가정, 자기 친구들, 자기 마을, 자기 조국, 그리고 마침내 더 넓은 바깥세상에 대한 관심으로 나아간 낭만주의자였다. 울프는 시간, 믿음, 외로움 그리고 죽음을 탐구했다. 고립, 소외, 변화, 경험을, 도시 대 시골을, 북부 대 남부를, 사회 구조를, 전통문화, 언어, 수사, 상징, 유머, 풍자의 경계들을 탐구했다.

이러한 관심들이 울프의 가장 유명한 첫 소설 《천사여, 고향을 보라》(1929)와 방대한 분량의 두 번째 소설 《시간과 강에 대하여》(1935)에서, 사후에 출판된 《거미줄과 바위》(1939)와 《그대, 다시는 고향에 가지 못하리》(1940)까지 모든 작품을 관통하고 있고, 단편 선집 《죽음에서 아침까지》(1934)와 유작 《저 너머 언덕》(1941)에도 배어 있다.

이러한 주요 관심사가 울프의 삶을 규정했다면, 그의 예술을 형성한 것은, 글쓰기는 진지한 공예라는 신념이었다. 그는 자신의 세계관을 작품을 통해 망라하고 전달하고자 했다. 〈어떤 장편소설 이야기〉와 〈글쓰기, 살아내기〉에서, 울프는 작가가 생각을 글로 옮겨내기까지의 과정을 설명하려고 애썼다. 그는 이렇게 말한다. "모든 진지한 작품은 기본적으로 자전적이며, 따라서 가치 있는 무엇인가를 창조하려는 사람이라면 자신의 삶이 제공해 준 여러 소재와 경험을 사용해야만 한다고 나는 굳게 믿는다." 울프는 생애 말년에, 자신의 소설에 자전적 내용을 과도하게 이용했다는 비난에 끝없이 부대껴야 했다. 저작권 대리인인 엘리자베스 노웰에게 보낸 편지에서 그는 자신의 입장을 이렇게 간추린 적이 있다.

"변환, 내가 붙들고 있는 것은 그 작업입니다. 재료를 시적이고 창의적인 사실로, 지어낸 이야기 속 진실로 바꾸는 것. 그게 작업의 진정한 본질이라고 생각하기에."

한마디로 울프의 작업은 **사실**을 자신이 **진실**이라고 여기는 것으로 바꾸는 것이었다. …

토머스 울프는 1900년에 미국 노스캐롤라이나주 애슈빌에서, 부동산에 밝고 하숙집(현재 '토머스 울프 기념관'으로 남아 있다)을 운영하는 전직 교사인 어머니 줄리아 엘리자베스와 묘지의 석물 조각하는 일을 하던 아버지 윌리엄 올리버 울프의 여덟 자녀 중 막내로 태어났다. 1920년 노스캐롤라이나 대학교, 1922년 하버드 대학원을 졸업했고 그해에 아버지를 여의었다. 스크리브너스 출판사의 명편집자 맥스웰 퍼킨스를 만나 1929년에 펴낸 첫 소설 《천사여, 고향을 보라》로 미국 사회와 자신의 고향에서 여러 의미에서 혹독한 작가 신고식을 치렀고, 1935년에 두 번째 작품 《시간과 강에 대하여》를 출간한 뒤 1938년에 폐결핵으로 요절했다. 이 책 부록의 두 번째 글 〈동시대인들과 미래 세대를 위한 작가, 토머스 울프〉는 십년지기 편집자 맥스웰 퍼킨스가 쓴 토머스 울프 약전이다. 부록 글이라고, 이 깊고 아름다운 글을 놓치지 말 것을 당부드린다.

어떤 이유에서인지, 영화에서는 울프가 퍼킨스를 부르는 호칭의 자막 번역문이 '자네'라고 되어 있는데, 사실 퍼킨스는 울프의 아버지뻘 연배다. 울프에게는 세 사람의 아버지가 있었다. 석수 아버지, 폭포수처럼 쏟아낸 글 덩어리에서 독서 대중에게 쥐어주기에 꼭 알맞은 만큼만 면밀하게 깎아낸, 또 다른 의미의 석수였던 편집자 퍼킨스, 그리고 정신적 아버지(미국적인 것의 뿌리를 호칭하는 울프의 표현)가 그들이다.

이 책을 읽을 독자들에게 조금이라도 도움이 될 만한 자료를 전달하겠다는 마음으로 이 후기를 썼다. 마지막으로 〈한없이 현명하고 교활한 한 편집자에 대하여〉라는 제목의 부록 글에 대해 몇 마디 남겨본다. 소설의 한 챕터인 이 글을 번역하면서 편집자인 퍼킨스가 이 글에 어떻게 반응했을지 역자로서 궁금했다. 독자들도 아마 그러지 않을까 싶다.

다시 맥스웰 퍼킨스 전기《맥스 퍼킨스: 천재의 편집자》의 저자 스콧 버그의 이야기를 빌리자면, 울프는 자신의 거대한 원고 더미가 퍼킨스의 과감한 편집을 거쳐 비로소 소설의 꼴을 갖출 수 있었다며 그 과정을 소설에 담았는데 퍼킨스는 이 글의 출판을 말렸다고 한다. 편집자가 너무 많이 노출되면 독자가 작가를 신뢰하지 않게 될뿐더러 작가조차 스스로를 신뢰하지 않게 된다고 믿었기 때문이라고 한다. 퍼킨스의 이와 같은 믿음은 울프와의 관계에서 나중에 고스란히 현실이 되었다고 버그는 전한다(울프는 자신의 작품을 가혹하게 편집하는, 그런다고 세상에 소문난 편집자 퍼킨스에게 나중에는 불만을 품고 끝내 그와 결별한다. 피츠제럴드와 맥스웰 퍼킨스가 21년간 주고받은 편지글 모음집인《디어 개츠비》(오현아 옮김, 마음산책, 2018)에서 퍼킨스가 보인 직접적인 반응을 확인할 수 있다).

책을 읽기 전에 읽는 게 좋을지 나중에 읽는 게 좋을지, 아니면 무용지물일지 모를 요령 없는 후기를 이렇게 맺는다. 삼복더위에 애쓰신 문해순 편집자와 '걷는책' 최재균 대표께 고마움을 전한다.